Ein kulinarisches Rendezvous mit

Baden

100 erlesene Rezepte

"Spielweg

Horst Scharfenberg

Ein kulinarisches Rendezvous mit Baden

100 erlesene Rezepte

MIRA

D-74653 Künzelsau

Projektleitung:
Rudolf Werk

Food-Fotografie:
Teubner, Füssen

Printed in Germany

ISBN: 3-89222-014-X

Inhalt

Schlemmerecke Deutschlands

Feinschmecker und Reiseschriftsteller sprechen vom Schlemmerparadies Baden, vom kulinarischen Musterländle am Oberrhein. Die Badener nehmen das wohlgefällig hin. Natürlich essen und trinken sie gern gut, und wenn andere zu ihnen kommen, um das auch zu tun, so kann's ihnen nur recht sein. Fremde kamen immer gern in ihr Land, leider oft nicht mit so löblichen Absichten. Aber gerade die Eindringlinge und Besatzer waren es, die die heute weit gerühmte Küche Badens entscheidend prägten.

Da brachten in den ersten beiden Jahrhunderten unserer Zeitrechnung die Römer ihre Kultur ins Land, legten durch ihre Bäder, die man heute noch in Baden-Baden und Badenweiler bewundern kann, den Grundstock zum Fremdenverkehr, importierten Früchte, helles Mehl und den Wein. Das alles und auch so manches Wort aus der lateinischen Sprache haben die Badener übernommen und bis heute bewahrt.

Es kamen weitere Impulse dazu, vor allem die feine Lebensart, die die Franzosen über den Rhein brachten. Und mit den alemannischen Vettern im Elsaß steht man noch heute bei Essen und Trinken im edlen Wettbewerb und Austausch.

Aus den Donaulanden kamen die Habsburger, schlugen Teile Südbadens für Jahrhunderte Vorderösterreich zu und haben, als sie sich vor knapp 200 Jahren zurückziehen mußten, manche ihrer Rezepte in den badischen Küchen zurückgelassen.

Vergessen wir nicht die gutnachbarlichen Beziehungen zu den engen Verwandten, unter denen kulinarisch vor allem die Schweizer zu nennen sind. Deren alemannische Küche unterschied sich von jener der Badener zunächst wenig. Fremdartige Impulse empfingen die Eidgenossen aber dann von ihrem südlichen Anrainer Italien und gaben sie über den Rhein weiter nach Norden.

Gewisse gastronomische Gemeinsamkeiten mit den Schwaben kann man in Baden auch nicht abstreiten. Durch den Gebietszuwachs im frühen 19. Jahrhundert kamen Einflüsse aus der Pfalz, aus Hessen und aus dem Frankenland.

Der chronologisch letzte feinschmeckerische Anstoß von außen erfolgte durch Touristen. Baden, vor allem der Schwarzwald, ist neben dem Mittelrhein das älteste deutsche Fremdenverkehrsgebiet. Bis Ende des vorigen Jahrhunderts konnten eigentlich nur reiche Leute reisen. Sie waren es auch gewöhnt, gut zu speisen. Um ihren Ansprüchen gerecht zu werden, verfeinerte Badens Küche die bodenständigen Nahrungsmittel zu internationalen Spezialitäten, wie etwa den »Rehrücken Baden-Baden«.

Die geschilderte Entwicklung, die Verschmelzung von vielerlei gaumenfreundlichen Einflüssen zur heute mit Fug und Recht gerühmten »badischen Küche«, wäre nicht ohne die Lebensfreude der Badener, ohne eine liebenswerte Neigung zum Genießen möglich gewesen. Ein kleines Beispiel dafür und ein Schlüsselwort ist der französische Begriff *savoir vivre,* den alle Badener

Baden, vor allem der Schwarzwald mit seinen bewaldeten Höhen und romantischen Tälern, ist das wohl älteste deutsche Fremdenverkehrsgebiet. Unser Bild zeigt einen der typischen Bauernhöfe des Schwarzwalds am Belchen.

verstehen, selbst wenn sie der Sprache des Nachbarlandes nicht mächtig sind. »Gut zu leben« würde auch treffend als Devise aufs gelbrotgelbe badische Wappen passen.

Will man gut leben, so müssen die Voraussetzungen dazu in der Nähe gegeben sein, am besten gleich hinter dem Haus. Diese Grundbedingung hat eine gütige Natur den Badenern immer erfüllt. Überall im Ländle wächst reichlich guter Wein, der – wenigstens nach fester Überzeugung der Badener – zu jedem Essen dazugehört. Früchte und Gemüse sind fast das ganze Jahr über aus Feld und Wald frisch zu haben. Bäche, Flüsse und Seen liefern trotz aller Umweltsünden noch immer reichlich Fische. In den Wäldern leben Rehe, Hirsche und Schwarzwild. Wachteln, Schnecken und Forellen werden vielerorts gezüchtet, Froschschenkel eingeführt, ebenso Krebse.

Außer der Frische aller Produkte gibt es weitere Vorzüge, durch die sich die badische Küche auszeichnet. Dazu gehören der reichliche Gebrauch von Kräutern, die Allgegenwart von Wein, der tägliche grüne Salat sowie die Großzügigkeit, mit der Butter, Rahm und Eier verwendet werden. Allerdings hat die badische Kochkunst auch ihre kleinen Sündenfälle, einer davon ist der exzessive Saucengebrauch. Sind die kräftigen, kurzen *Sößle* mit Rahm, Wein sowie Fleisch- oder Fischsäften und Kräutern noch zu loben, so geht die Saucenliebe bei Steaks, Schnitzeln oder sonstigen Dingen, die auch für sich allein leben können, gerade in Baden oft zuweit.

Eine andere Eigenart des Speisens, die Badener mit Franzosen und vielen mediterranen Völkern gemeinsam haben, ist die Beigabe von Brot zum Essen. Alle Welt spricht von dem Franzosen Brillat-Savarin als dem Begründer des guten Geschmacks. Vergessen ist der Name einer oberrheinischen Autorin,

Wenn der Frühling durch die Burgundische Pforte ins Badener Land tritt, beginnen die Bäume zu blühen. Sie verwandeln die Felder in ein weißes Blütenmeer, wie hier das Eggenertal. Der Badener sieht das mit Wohlgefallen, denn aus den Blüten wachsen Früchte, aus denen er seine geliebten Wässerli *brennt.*

die schon 15 Jahre vor ihm ein Buch herausbrachte, das zwar nicht so brillant geschrieben, jedoch voller bemerkenswerter Küchenhinweise und köstlicher Rezepte ist.

Es ist gewissermaßen ein frühes europäisches Kochbuch, denn in der Vorrede bezieht sich die Autorin ausdrücklich auf die drei Länder am Oberrhein, die wir heute *Regio* nennen. Sie schreibt: »An den Grenzen des Rheinstroms ist bekanntlich, nach dem Zeugnis aller fremden Reisenden, eine gute Küche einheimisch. Die Vorfahren liebten sie, wie noch jetzt ihre Enkel; diese wie jene suchen dies Vergnügen des Gaumens mit Einfachheit und Oekonomie zu verbinden.« Das stimmt Wort für Wort auch heute noch, 180 Jahre später. Seinem Buch *Meine Kunst in Küche und Restaurant*, das wenige Jahre nach dem Ende des Zweiten Weltkrieges erschien, stellte der badische Kochkünstler Alfred Walterspiel diese Zeilen voran: »Wenn einer sagt: ›Es ist mir gleich, wann, wo und was ich esse‹, so verdient er unser tiefstes Mitleid, weil er mit den schönsten Gaben Gottes nichts anzufangen weiß.« *Voilà*! Das ist in einem Satz die ganze kulinarische Philosophie der Badener.

Oben: Blick in die noch vollständig erhaltene Küche der Markgräfin Sybilla Augusta im Schloß Favorite bei Rastatt.
Rechte Seite: »La Gemütlichkeit badoise« nannte der französische Schriftsteller Jean Giraudoux einmal die Lebensart der Badener. Und in der Tat – hier nimmt man sich noch Zeit und genießt Essen und Trinken, ob in einem der schmucken Gasthöfe des Landes oder in einer urigen Studentenkneipe der Heidelberger Altstadt.
Zu den kulinarischen Spitzenprodukten Badens zählt der Spargel, der in der klimatisch besonders begünstigten Region am Oberrhein vorzüglich gedeiht und an Ort und Stelle gekonnt zubereitet wird.

HOTEL ENGEL
GASTHOF

37
GROSSMARKT-BRUCH
Obst- und Gemüsegarten Baden
Qualitäts Spargel
Spargel
AII

Badisches Ragout mit Beilagen, serviert in kleinen Portionen

In einem Buch vom guten Essen und Trinken sei diese Überschrift erlaubt, auch oder gerade dann, wenn sie ernsthafte Berichte über Land und Leute sowie deren Geschichte ankündigt. Wer könnte behaupten, daß ein Ragout nichts Ernsthaftes sei? Seine Bestandteile sind zu kleinen Stücken geschnitten, und das sind auch die folgenden Kapitel.

Hauptbestandteil des Ragouts sind die Badener selbst. Feinschmecker sollten ihnen die Ehre antun, die Wortform *Badener* zu wählen und nicht *Badenser*. Letzteres klingt in den Ohren derer, die gemeint sind, nach Verachtung. Dabei geht Badenser wahrscheinlich auf den Titel eines frühen wissenschaftlichen Buches zurück, der lateinisch korrekt lautete: *Historia Badensis*. Ende des vorigen Jahrhunderts gab es dann Bestrebungen, die Wortform »der Bade« oder »die Baden« populär zu machen. Das gelang nicht, obwohl es eigentlich ganz logisch wäre, da man ja auch Schwabe(n) und Hesse(n) sagt. Aber selbst die Dudenredaktion in Mannheim, also in Baden, konnte nicht helfen. So blieb es bei den Badenern.

Diese haben eine Vielfalt von Dialekten in ihrem Land. Die Franken am Main und im Taubertal reden anders als die Mannheimer *Bloomäuler*. Variationen gibt es dann schon wieder im Kraichgau und erst recht bei den *Brigande* in Karlsruhe. Die Sprachgrenze zwischen fränkisch-pfälzisch-hessischem Badisch und dem Alemannischen verläuft etwa im Tal der Murg, zu der von Osten auch das Schwäbische eindringt. Und das Alemannische ist auch nicht einheitlich, ein Baden-Badener wird einen Freiburger *Boppele* zwar noch verstehen, mit einem Hotzenwälder aber schon seine Schwierigkeiten haben. Und wieder anders ist die Klangfärbung auf der Baar, im Hegau und bei den *Seehasen*.

Recht unterschiedlich sind auch die Gerichte in den einzelnen Gebieten. Fast müßte man deshalb von *den* badischen Küchen sprechen. Ein Trost, daß sie allesamt gut sind!

Eine gute Sauce ist, wie jeder Gourmet weiß, besonders schwierig zuzubereiten, und – sie ist entscheidend für das ganze Gericht. Sie kann gerinnen, auseinanderlaufen oder zu pappig geraten. Sie kann zu dominierend oder zu fade sein.

Ähnliche Schwierigkeiten gab es bei der geschichtlichen Zugehörigkeit Badens. Ein Land Baden gab es in den heutigen Grenzen nur von 1806 bis – großzügig gerechnet – 1945. Es war zunächst Großherzogtum, dann Republik (von 1918 bis 1933) und schließlich NS-Gau (bis 1945). Dann wurde es in Besatzungszonen aufgeteilt, aus denen das Bundesland Baden mit Regierungssitz in Freiburg hervorging, während Nordbaden mit Karlsruhe staatlich Württemberg zugeschlagen wurde. Schließlich entstand 1952 gegen den Widerstand Südbadens, also der Alt-Badener, der Südweststaat, den wir heute als das Bundesland Baden-Württemberg kennen.

Die frühere badische Geschichte ist so verwickelt, daß man sie hier nur in groben Zügen skizzieren kann. Nach der

Blick in die Wohnstube eines alten Schwarzwaldhauses. Im Gutachtal kleidet man sich noch heute mit den schönen Trachten. Am auffallendsten ist dabei natürlich der rote Bollenhut, der von unverheirateten Frauen getragen wird.

Römerzeit und der Ära der verschiedenen germanischen Volksstämme bildeten sich erste kulturelle Zentren in den Klöstern, herausragend dabei die Insel Reichenau.
Die badische Territorialgeschichte beginnt mit den Zähringern, so genannt nach ihrer Burg in Freiburg. Ihr Besitz umfaßte den Breisgau, das Kinzigtal, die spätere Markgrafschaft sowie das Gebiet zwischen St. Blasien bis weit nordöstlich von Rottweil. Dazu kamen in der Schweiz Zürich sowie ausgedehnte Landschaften um Bern, das von den Zähringern gegründet wurde. Außerdem waren die Zähringer Markgrafen von Verona und Herren über Kärnten. Später wurden sie auch Rektoren von Burgund. Schließlich nann-

Schon im Jahre 724 gründete der heilige Pirmin auf der Bodenseeinsel Reichenau das erste Benediktinerkloster auf deutschem Boden. Von Anfang an war die Reichenau berühmt für ihre üppige Vegetation. Im 9. Jahrhundert verfaßte Abt Walahfrid Strabo ein kluges Buch über den Gartenbau, der noch heute die wirtschaftliche Grundlage der Insel ist. Unser Bild zeigt die im 11. Jahrhundert vollendete Stiftskirche St. Peter und Paul in Niederzell.

ten sie sich Markgrafen von Baden. Sie geboten über ein wahrhaft alemannisches Reich.
Dann beeinflußte die Hegemonie der Habsburger das Land. Sie erwarben mehr und mehr Besitztümer im Süden Badens und verleibten sie Vorderösterreich bis 1806 ein, mit Freiburg als Hauptstadt. Die Teilung des übrigen Badens in eine katholische Baden-Badener und eine evangelische Durlacher Markgrafschaft wurde 1535 besiegelt. Durch Napoleon, der für seine dort verheiratete Adoptivtochter Stephanie Titel und Macht wollte, kam es zu gewaltigen Gebietszuwächsen im Norden und zur Schaffung eines gesamtbadischen Großherzogtums. Dessen Herrscher waren für ihre Zeit recht fortschrittlich, führten Reformen ein, schufen das Musterländle – obwohl das so sehr musterhaft eigentlich nie war.
Große Persönlichkeiten waren die Herrscher allerdings nur in Ausnahmefällen, zu denen Ludwig Wilhelm I. (1655 bis 1707), der Kaiserliche Reichsfeldmarschall zählte, der unter dem Ehrennamen *Türkenlouis* in die Geschichte einging.
Man spricht gelegentlich von der erfolgreichen Heiratspolitik Österreichs. In dieser Strategie standen die Badener jedoch keineswegs nach. Die Markgräfin Amalie wurde sozusagen die Schwiegermutter Europas. Zu Beginn des 19. Jahrhunderts verband sie Baden durch die Heirat ihrer Töchter mit dem König von Bayern, dem Zaren von Rußland, dem König von Schweden und den Herzögen von Braunschweig und Hessen-Darmstadt. Dabei hatte sich Prinzessin Friederike durch einen guten badischen Zwetschgenkuchen vor der Heirat mit dem Schwedenkönig drükken wollen. Sie verschlang ein ganzes Blech davon, um krank zu werden und nicht abreisen zu können. Aber der Kuchen war offenbar so bekömmlich, daß er auch in diesem gewaltigen Übermaß nicht gegen dynastische Eheschließungen half.
Ausgerechnet im Musterländle erreichte die Revolution von 1848/49 einen ihrer Höhepunkte. Sie wurde getragen vom gebildeten Bürgertum und von Handwerkern, vor allem von Gesellen, denen die Zunftordnung es unmöglich machte, zum Meister aufzusteigen. Auch Bauern und Studenten beteiligten sich am Aufstand, der zunächst erfolgreich war, dann jedoch von preußischen Truppen niedergeschlagen wurde. Viele der Anführer flohen in die Schweiz oder nach Amerika, andere wurden in Rastatt von preußischen Exekutionskommandos erschossen. Deren Oberbefehlshaber und nachmalige deutsche Kaiser Wilhelm I. bekam einen Beinamen, der heute noch in Baden bekannt ist: *Kartätschenprinz.*
Noch zweimal spielten in der deutschen Geschichte badische Großherzöge eine wichtige, wenn auch nur kurze Rolle. Einer, Friedrich I. (1826–1907), rief 1871 in Versailles den erwähnten Kartätschenprinzen zum deutschen Kaiser aus. Und das damals proklamierte Reich endete dann wieder mit einem Badener, Prinz Max (1867–1929), als letztem Reichskanzler. Der erste Kanzler und Reichspräsident der Weimarer Republik war ebenfalls Badener: Friedrich Ebert.

Zu den ältesten Zeugnissen menschlicher Kultur in Deutschland zählen die Pfahlbauten bei Unteruhldingen, deren Ursprünge sich bis in die Steinzeit zurückverfolgen lassen. Nahrungsreste erlaubten wichtige Rückschlüsse auf die Eßgewohnheiten dieser frühen Einwohner Badens.
Nächste Doppelseite: Heidelberg mit Alter Brücke und Schloß.

Zutaten, die sich nicht vertragen

Einst waren sie nur durch Nachbarschaft und Stammesverwandtschaft verbunden, heute sind sie Bürger desselben Bundeslandes – Badener und Schwaben. Sie haben manches gemeinsam, nicht nur Spätzle, Knöpfle und Pfitzauf, sondern auch eine gewisse Abneigung gegeneinander. Vielleicht ist es eher Rivalität. Die Badener sprechen vom *Sauschwobe*, jene revanchieren sich mit *Gelbfüßler*. Außerdem haben die Schwaben ein recht einnehmendes Wesen: Sie reden vom Schwarzwald, von dem nur ein Zipfel zu ihnen gehört, als wäre er urschwäbisches Land. Ähnlich ist es mit dem Bodensee, dem sie als untergeordnete Anrainer den weithin akzeptierten Stempel *Schwäbisches Meer* aufgedrückt haben. Die Badener versuchen mit Witzchen und Autoaufklebern zu kontern: »Es gibt Badische und Unsymbadische« oder »Schwoba schaffe – Badener denke«.

Von den vielen badisch-schwäbischen Witzen, die man sich erzählt, sei nur einer erwähnt: Zu einem schwäbischen Grenzbauern stürzt das Büble in die Stube und ruft: »Schon wieder sind badische Küh zu uns rübergekomme. Soll ich sie zrückjage?« – »Noi, Büble, melke, melke!«

Und dann ist da auch noch das Thema Spätzle. Nun, wenn der Schwabe Karl Lerch mit seiner Behauptung recht hat, daß diese von den Römern stammen, so könnten auch die Badener Anspruch darauf erheben. Bei ihnen saßen die Römer nämlich zahlreicher und länger als in Schwaben.

Mehr als nur Spott haben die Badener gegenüber den Preußen. Durchs Volksbewußtsein geistert noch immer der Kartätschenprinz. Und selbst ihre Großherzogin Luise nannten sie *des Hungermensch*, weil sie eine preußische Prinzessin war. Man beachte, daß der Begriff Hungermensch im genußfreudigen Baden ein Schimpfwort ist!

Ganz anders das Verhältnis der Badener zu den Franzosen. Geographen sprechen stets davon, daß Baden sich nur nach Westen hin öffne. Das tut nicht nur die Landschaft, das gilt auch für die Herzen der Menschen. Man könnte zwar seitenlang kriegerische Überfälle, Brandschatzungen, Besetzungen, Annexionen aufzählen, wollte man alle Übergriffe nennen, die sich Franzosen im Laufe der Geschichte in Baden zuschulden kommen ließen. Aber Ressentiments flackern höchstens gelegentlich bei Heidelberger Fremdenführern auf, wenn sie vom sinnlosen Brandwüten des Generals Mélac sprechen. Ansonsten sind die Badener ausgesprochen franzosenfreundlich. Sie dulden ohne Widerspruch die französische Enklave mit dem Grabmal des Marschalls Turenne auf ihrem Gebiet (in Sasbach), obwohl dieser auch ein rechter Wüterich war. Besonders im Süden Badens ist man stolz auf die Zusammengehörigkeit in der *Regio*, die Franzosen und Schweizer einbezieht, ein volkstümliches Klein-Europa.

Im Grenzbereich von Schwaben, Baden und Franken liegt das Renaissanceschloß Weikersheim mit seinem herrlichen Garten und der Orangerie. In dieser lebensfrohen Umgebung vermischten sich auch die kulinarischen Einflüsse dieser drei Kulturkreise.

Badischer Wein

In Baden ist ein wirkliches Weinwunder geschehen. Jeder in Deutschland hat es miterlebt, aber keinem ist es aufgefallen. Schon immer gab es Wein in Baden. Schon vor den Römern wuchsen wilde Reben in den Rheinauen. Dann wurden durch die Jahrhunderte überall Weinberge angelegt, Wein stand auf allen Tischen. Johann Peter Hebel, ein echter Badener, sang sogar auf hochdeutsch: »Jetzt schwingen wir den Hut, der Wein, der war so gut./ Der Kaiser trinkt Burgunderwein, sein schönster Junker schenkt ihm ein,/und schmeckt ihm doch nicht besser, nicht besser./Und wer sein Gläslein trinkt, ein lustig Liedlein singt/in Frieden und mit Sittsamkeit,/und geht nach Haus zur rechten Zeit,/der Gast darf wiederkehren, mit Ehren.«

Das ist wohl das innigste deutsche Weinlied, in ihm lärmt keine rheinische Fröhlichkeit, in diesen Versen schwingt die gelassene Freude, die aus dem täglichen Miteinander von Mensch und Wein erwächst.

Aber was ist nun das Weinwunder? Im Bewußtsein der deutschen Weintrinker existierte der badische Wein lange Zeit so gut wie nicht. Bis weit in die fünfziger Jahre konnte man ihn kaum außerhalb Badens kaufen. Aber schon in den siebziger Jahren gehörte der badische Wein zu den beliebtesten in Deutschland. Das haben das Sonnenmännchen und vor allem die Zentralkellerei badischer Winzergenossenschaften zuwege gebracht. In Breisach steht heute, mitten auf der grünen Wiese, eine der größten Weinkellereien der Welt.

Natürlich hat das Klima mitgeholfen – *von der Sonne verwöhnt* ist nicht nur ein Werbespruch, sondern Wahrheit. Dazu kommen ausreichend Niederschläge und die verschiedensten Bodenformationen, die wie maßgeschneidert für die unterschiedlichen Rebsorten sind. Nicht zu vergessen auch der Fleiß der badischen Winzer, die zumeist kleine Rebflächen besitzen. Man hatte es in Baden auch nicht nötig, mit allen möglichen Neuzüchtungen zu experimentieren. Ja, man konnte es sich sogar leisten, als einziges deutsches Anbaugebiet in die europäische Weinzone B einzutreten, was deutlich höhere Qualitätsrichtlinien bedeutet.

Nirgendwo in Deutschland findet man so vielfältige Weine wie in Baden. Deshalb ist hier auch nur ein ganz grober Überblick möglich. Am Bodensee reifen in fast schon mediterraner Umgebung auf Endmoränenböden die berühmten Spätburgunder Weißherbste. Der weiße Müller-Thurgau zeichnet sich durch bestechende Eleganz aus. Am Hohentwiel bei Singen liegt der höchste deutsche Weinberg. Ausgezeichnet, aber kaum bekannt, ist der Spätburgunder aus Erzingen am Hochrhein.

Die Markgrafschaft zwischen Basel und Freiburg, eine anmutige Hügellandschaft mit den Vorbergen des Schwarzwaldes, ist Gutedelgebiet, das einzige Deutschlands. Dieser Wein ist der, bei dem Hebel den Hut schwenkte, ein munterer Geselle, ein rechter Sommerwein. Über ihm vergißt man meistens die anderen guten Tröpfchen aus

Oberhalb des Bodensees liegt in herrlich freier Lage die Wallfahrtskirche St. Marien. »Die Birnau« erhebt sich malerisch über den Rebkulturen, in denen der vielgepriesene Seewein *heranwächst.*
Nächste Doppelseite: Weinbau und Wein scheinen im Badener Land allgegenwärtig. Hier ein Blick auf Rebhänge am Kaiserstuhl bei Breisach.

fast allen deutschen Rebsorten, die ebenfalls im Markgräflerland wachsen. Ein Grund mehr, dorthin zu fahren und sie aufzuspüren.
An Kaiserstuhl und Tuniberg blühen wilde Orchideen und reifen auf vulkanischem Grund schwere, feurige Weine, denen der Südwind, durch die Burgundische Pforte kommend, füllige Reife verleiht. Alle Burgundersorten tragen zum Ruhm dieser Weine bei. Daneben auch noch Traminer und Muskateller. Aus dem Breisgau kommen viele Müller-Thurgau-Weine als ausgezeichnete Speisenbegleiter. In den Steillagen der Talmündungen reifen Spitzenweine, rote und weiße. Berühmt sind die Gewächse aus dem Glottertal, aus Lahr und Kenzingen.
Die Ortenau zwischen Offenburg und Baden-Baden ist eine ausgesprochene Rieslinglandschaft. An Ort und Stelle tragen diese Rieslingweine noch den traditionellen Namen *Klingelberger.* Durbach ist auch wegen seiner Traminer berühmt. Als deutsche Spitzenrotweine gelten die aus Sasbachwalden und Waldulm. Besonders bekannt ist der Affentaler.
Außerhalb des Landes weniger bekannt sind der Kraichgau (zwischen Karlsruhe, Pforzheim und Heidelberg) und die Badische Bergstraße. Dabei hat der Hofzwerg Perkeo gerade diese Tropfen zu Weltruhm gebracht. Und die Heidelberger Studenten taten und tun ein übriges. Riesling, Müller-Thurgau und Ruländer sind hier kernig und rassig. Eine Spezialität dieser Region ist der Auxerrois, der dem Weißburgunder ähnelt. Das badische Frankenland hat immer wieder mit Frösten zu kämpfen. Es reicht bis zum Main und umfaßt einen Teil des Taubertals. Dazu gehört auch das sogenannte *Madonnenländchen.* Vorwiegend wachsen dort schlanke Müller-Thurgau-, aber auch Sylvanerweine. Der Schwarzriesling scheint sich auszubreiten, um endlich auch den Rotwein in dieser Landschaft heimisch zu machen.
Wie hoch der Wein in Baden geschätzt wird, beweist ein Lied des Badeners Victor von Scheffel, in dem es heißt: »Alt-Heidelberg, du feine, du Stadt an Ehren reich,/Am Necker und am Rheine, kein andere kommt dir gleich./ Stadt fröhlicher Gesellen, an Weisheit schwer und Wein.«
Glückliches Baden, wo in einer der ältesten deutschen Universitätsstädte eine solche Harmonie herrscht!

»Von der Sonne verwöhnt«, sagen die badischen Winzer zu Recht von ihrem Wein. In allen Landesteilen pflegt und liebt man den edlen Saft der Reben, ob am Bodensee, im Markgräflerland, am Kaiserstuhl, in der Ortenau oder im Taubergrund.

Badische Zutatenliste

In den nachfolgenden Rezepten tauchen immer wieder badische kulinarische Eigennamen auf, die zum besseren Verständnis hier erläutert seien:

Amlett – Omelett, häufiger Eierpfannkuchen, wird gern mit Apfelmus gegessen
Anke(n) – Butter
baihe – rösten oder trocknen, zum Beispiel Brotscheiben
Bibeliskäs – Quark (Bibeli sind kleine Küken, die mit dem Käse gern gefüttert werden.)
Biereweck – Birnenbrot, Hutzelbrot, Schnitzbrot
Brägeli, Brägelte – Bratkartoffeln, einst Frühstücksspeise
Brennts – Gebranntes, Schnaps
Brotis – Braten, (*Surbrotis* = Sauerbraten)
Burehäxli – geräuchertes Eisbein
Buwespitzle – Schupfnudeln, Beilage aus Kartoffelteig
Chriesi – Kirschen (französisch *Cerises*), *Chriesiwässerle*
Chrüsli – bauchiger Krug
Dambedei – Weckmann, Teigmann, auch dummer Kerl
Dummis – Eierkuchen, auch für Kratzete
Flädli – streifig geschnittener Eierkuchen (in Brühe = *Flädlisuppe*)
Gitzi – Ziegenlamm
Grießpflutte – Grießklöße, mit Kompott oder abgeschmälzt
Grumbire – Kartoffeln
Guhl – Hahn
Gutsle, Gutseli – Bonbon, Pralinen, Kleingebäck
Gumpistöpfel – in Sauerkraut eingelegte Äpfel, weich und säuerlich (aus dem Lateinischen *Compositum*)
Habermus – Haferbrei, früher meist aus Schrot, besonders im Schwarzwald sehr verbreitet
Herdäpfel – Kartoffeln, auch *Erdäpfel*
Hohruck – früher beliebtes Stück des Schweinerückens, jetzt kaum mehr zu haben
Knöpfle (Knöpfli) – Teigware, etwas fester und größer als Spätzle, in Baden besonders beliebt, (in Freiburg heißt heute noch das 11-Uhr-Geläut des Münsters am Freitag *Knöpflesglocke,* mahnt die Hausfrauen, das Mittagessen aufzusetzen)
Mogge – größerer Brocken, vor dem Verzehr zu zerteilen
Mümpfele – kleiner Bissen, Mundvoll
Ochseauge – Spiegeleier
Peterle, Peterli – Petersilie
räß – scharf, würzig, besonders für Käse verwendet
Rahne – rote Rübe
Riebelisupp – Brühe mit eingeriebenen Teigwaren
Scherbe(kiechle) – dünnes, rechteckiges Fasnachtsfettgebäck
Schiefele, Schäufele – geräucherte Schweineschulter
Sulz – Kutteln, in saurer Sauce besonders beliebt
Sunnewirble – Feldsalat, fast poetische Bezeichnung
Suuresse – vor allem Leber und Kutteln, als Imbiß beliebt
Veschper – aussterbende Zwischenmahlzeit, vor- und nachmittags
Weckle – Ausdruck für alle Arten von Brötchen
Weihe, Wähe – dünnteigiges, kuchenähnliches Gebäck mit Zwiebeln oder Früchten, darüber Rahmguß

Der Freiburger Wochenmarkt auf dem Münsterplatz ist weit über die Stadtgrenzen hinaus berühmt. Hier breitet sich der ganze Erntesegen des Gottesackers Südbaden in verschwenderischer Fülle und betörender Farbenpracht aus.

Münster Apotheke

Wurst – die schwächste Säule im Tempel der badischen Genüsse (Brühwurst wird bevorzugt, nicht besonders würzig, oft Verwechslungen, weil mit *Servela* ein Kochwürstchen bezeichnet wird; im Schwarzwald besonders beliebt die *schwarze Wurst* [dünne Blutwurst, leicht angeräuchert]; gut auch die *Bauernbratwurst,* eine grobe, angeräucherte Mettwurst, die heiß gemacht wird; in Seelbach gibt es zum Katharinenmarkt eine zehn Meter lange Wurst zur Erinnerung an einstigen Freikauf von Gefangenen.)
Z'Nüni – Neun-Uhr-Morgenmahlzeit; analog *Z'Vieri, Z'Obend*
Zieger – weißer Käse mit Kräutern, auch Eiern

Bevor wir uns dem kulinarischen Teil des Buches zuwenden, schlagen wir noch einen kleinen badischen Bilderbogen: Alemannische Häs *und Masken aus Stockach und Gengenbach, Fachwerkhäuser in der Meersburger Altstadt (linke Seite). Baden-Baden mit Caracalla-Thermen und schönem Leuchter vor dem Kurhaus, Blumenfrauen auf dem Freiburger Münsterplatz, malerische Fußgängerzone in Heidelberg.*

BANK
PHORA
ALBRECHT
GALERIE

Topinambursoufflé

500 g geschälte Topinamburknollen
1 EL Zitronensaft
Salz
4 EL Butter
3 EL Mehl
1 Tasse Sahne
2 EL geriebener Emmentaler Käse
4 Eier, getrennt
weißer Pfeffer (Mühle)
1 Tasse gehackte Petersilie
1 EL Butter zum Ausfetten der Form

Topinamburknollen waschen, bürsten, dünn schälen und in Scheibchen schneiden. Zusammen mit Zitronensaft und reichlich Salz in wenig Wasser weich kochen. Das dauert etwa 15 Minuten. Abgießen. 1 Tasse Sud zur Seite stellen. Topinamburknollen pürieren.

In einem Topf mit dickem Boden die Butter schmelzen lassen, Mehl einrühren. Mit dem Sud und der Sahne ablöschen. Einige Minuten köcheln lassen. Reibkäse sowie pürierte Topinamburknollen einrühren. Ist die Masse etwas abgekühlt, die Eigelbe gut darin verrühren. Mit Pfeffer und wenig Salz abschmecken. Petersilie zugeben.

Eiweiß mit 1 kleinen Prise Salz zu steifem Schnee schlagen, 1/3 davon in die Masse einrühren, den Rest nur vorsichtig unterheben.

Souffléform gut ausbuttern, Masse einfüllen und im vorgeheizten Ofen bei 200° C 1/2 Stunde lang backen, bis die Oberfläche goldbraun ist und die Masse sich schaumig aufgebläht hat. Sofort servieren.

Topinambursoufflé schmeckt zu kräftigen Braten und auch zu Koteletts oder Steaks. Ein halbtrockener Ortenauer Riesling paßt besonders gut dazu.

Topinambur – das ist mehr als eine Spezialität, eine Exklusivität Mittelbadens. Fährt man von Karlsruhe nach Freiburg auf einer der landschaftlich reizvollen Straßen abseits der Autobahn, so nimmt man bestimmt die mannshohen, mit großen Blättern umgebenen Halme wahr. Sie stehen stramm in Reih und Glied und tragen im Sommer gelb leuchtende Blüten. Gegessen wird die Knolle, die man beliebig zwischen Oktober und März ernten kann. Diese Knollen heißen im Badischen auch Roßkartoffeln, man verfüttert sie viel ans Vieh. Und wer anderswo in Deutschland nach Topinambur sucht, der frage nicht unbedingt seinen Gemüsehändler, sondern lieber einen Jäger. Waidmänner benutzen nämlich die knorrige Knolle gern zur Wildfütterung.

Es gibt noch andere Namen der Topinamburpflanze – eine Verwandte der Sonnenblume –, die auf ihren Nutzen hindeuten. Einmal nennt man sie auch Diabetikerkartoffel, weil sie von Zukkerkranken bedenkenlos verspeist werden darf. Roh als Salat gegessen, senken Topinamburknollen sogar kurzfristig die Zuckerwerte. Diabetiker sind die treuesten Kunden der Topinamburanbauer. Und auch der Schnapsbrenner, denn oft hört man in badischen Wirtschaften Einheimische, die einen Schnaps bestellen, rufen: »Einen Topi, bitte!« Der Topinamburschnaps ist in Baden sehr beliebt und wird hauptsächlich von Kleinbrennern erzeugt. In manchen Dörfern stehen geeignete Brennblasen in jedem zweiten Bauernhaus. Dieser Schnaps ist ein echter Geheimtip, denn er ist der beste *Digestif*, also Verdauungsschnaps, den man bekommen kann. Es lohnt sich immer, aus dem Badischen einige Flaschen mitzubringen.

Eine weitere Bezeichnung – die es auch im Französischen und Englischen gibt – lautet Jerusalem-Artischocke. In Feinschmeckerkochbüchern, die vor hundert und mehr Jahren in Frankreich geschrieben wurden, kann man seitenweise Topinamburrezepte finden. Die Bezeichnung Artischocke stammt wohl kaum von Botanikern, denn zu dem Distelgewächs besteht keine Verwandtschaft. Wahrscheinlich wurde sie von Gourmets erfunden, denn Topinamburknollen ähneln im Geschmack tatsächlich den Artischockenböden.

Grünkernflan

150 g Grünkernschrot
je 4 EL gelbe Rübe, Zwiebel und Sellerie, alles ganz klein gewürfelt
3 EL Butterfett
30 g Grünkernmehl
1/2 l Fleischbrühe
Salz
Pfeffer (Mühle)
geriebene Muskatnuß
1 Tasse gehackte Kräuter (Petersilie, Dill, Basilikum)
Frühlingszwiebeln (oder Schalotten)
3 Eier, getrennt
1 EL Butter

Den Grünkernschrot mit den Gemüsen in einem Topf in Butterfett unter ständigem Rühren leicht anrösten. Grünkernmehl in der Fleischbrühe verrühren, Grünkernschrot und Gemüse damit ablöschen. Mit Salz, Pfeffer und Muskatnuß würzen. Alles zusammen auf kleiner Hitze gut 15 Minuten köcheln lassen. Dann die Kräuter einrühren und nochmals 5 Minuten köcheln. Sobald die Masse etwas abgekühlt ist, rührt man die gut verquirlten Eigelbe hinein. Eiweiß zu steifem Schnee schlagen, 1/3 davon einrühren, den Rest nur vorsichtig unterheben.
Vier Flanförmchen (Ragoutnäpfchen) ausbuttern und bis zur halben Höhe mit der Masse füllen. Im Wasserbad im 175° C heißen Ofen etwa 30 Minuten lang stocken lassen. Grünkernflan aus dem Ofen nehmen und am Rand lösen.
Grünkernflan ist eine großartige Beilage zu Fleisch, das mit einer leichten Sahnesauce serviert wird. Und die vollendete Abrundung schafft dann ein Müller-Thurgau aus Nordbaden.

Der nördliche Teil Badens reicht bis zum Main nach Wertheim. Touristisch steht er im Schatten von Oberrhein, Schwarzwald und Bodensee. Dabei ist das Land schön, die Städtchen sind romantisch, und es gibt so viele Kapellen und Bildstöcke dort, daß man gern vom *Madonnenländchen* spricht. Und es gibt auch überall Wein, frische, spritzige Tropfen. Die Küche dort ist abwechslungsreich und solide, hat schon Anklänge an die Pfalz und an Hessen. Vor allem hat sie eine großartige Spezialität, den Grünkern. Anstatt vom Bauland – das ist der Name für die Gegend zwischen Neckar, Odenwald und Main – sollte man treffender vom Grünkernland sprechen. Grünkern kann man heute überall in Deutschland in guten Geschäften kaufen. Vor allem die Naturkostläden haben sich neuerdings um ihn verdient gemacht. Nördlich der Mainlinie ist Grünkern in der Volksküche allerdings noch nicht so recht heimisch geworden. Erfreulicherweise besinnt sich die Nobelgastronomie mehr und mehr auf die köstlichen Möglichkeiten, die in den leicht angerösteten Körnern stecken. Grünkern besteht aus den halbreifen Samen einer anspruchslosen Weizenart namens Dinkel. Der aparte Geschmack entsteht dadurch, daß die Körner leicht geröstet werden. Sie kommen dann ganz, als Schrot, Grieß oder Mehl in den Handel. Besondere Eigenschaft des Grünkernmehls ist sein hoher Klebergehalt, er bindet viel mehr Wasser als andere Mehle.

Anno 1745 wird Grünkern zum erstenmal schriftlich erwähnt. Wie bedeutsam der Dinkel einst war, erkennt man daran, daß er sogar als Teil von Städtenamen auftaucht, man denke etwa an Dinkelsbühl.

Und wie man ihn kulinarisch schätzte, erfahren wir aus dem Hause des französischen Schriftstellers Emile Zola, der ihn seinem russischen Kollegen Turgenjew vorsetzte. Heute sind Grünkern und Dinkel in Frankreich und England weitgehend unbekannt. Freuen wir uns, daß wir ihn als badische Spezialität haben!

Schinkenpastete

Für den Pastetenteig:
500 g Mehl, 250 g Butter
2 Eier, Salz
2 EL Eiswasser

500 g Kalbsbug, 125 g gekochter Schinken
2 EL geriebene Zwiebel, 60 g Butter
3 EL Mehl, 2 EL gehackte Petersilie
1/4 l Würfelbrühe
1 abgeriebenes, eingeweichtes Brötchen
2 Eier, Salz, Pfeffer
1 EL Butter zum Ausfetten der Form
4 dicke Scheiben gekochter Schinken
5 dicke Scheiben Kalbsbraten
1 Eiweiß, 1 Eigelb, 1 EL Wasser
flüssiges Aspik

Aus den Zutaten einen Teig kneten, ihn mehrere Stunden im Kühlschrank ruhen lassen, dann zu 2 länglichen Platten verschieden groß auswellen.
Fleisch und Schinken im Mixer zerkleinern. Die Zwiebel in Butter andünsten, Mehl und gehackte Petersilie zugeben, hell anrösten und mit Brühe ablöschen. Fleischmus, Brötchen und 2 Eier zugeben und zu einer Farce verarbeiten. Würzen.
Eine Pastetenform gut buttern. Mit der größeren Teigplatte auslegen. In deren Mitte eine dicke Schicht Farce aufstreichen. Darauf Schinken- und Fleischstreifen (aus den Scheiben geschnitten) anordnen. Darüber wieder Farce streichen. Die zweite Teigplatte auflegen, Ränder mit Eiweiß gut verkleben. In die Mitte ein Loch schneiden und einen gerollten Streifen Alufolie einsetzen. Teig mit einer Mischung aus Eigelb und Wasser bestreichen und bei 200° C etwa 45 Minuten backen. Nach dem Erkalten durch das Loch mit flüssigem Aspik ausgießen, Alufolie entfernen. Noch 2 Tage im Kühlschrank ruhen lassen.

Das Rezept für die Schinkenpastete stammt aus der Hofküche der Fürstin zu Fürstenberg. Diesem Geschlecht gehörten früher weite Landschaften. Der Besitz bestand jedoch nicht nur aus Wiesen, Äckern, Wäldern und Gewässern, sondern auch die dort lebenden Menschen waren dem Herren untertan und mußten Frondienste leisten.
Die Residenz der Fürstenbergs war und ist Donaueschingen. Berühmt ist das Schloß, noch berühmter die darin enthaltene Bibliothek mit ihren unermeßlichen Schätzen.
Für Reisende ist jedoch die Hauptattraktion ein rundes Bassin neben dem Schloß, die Donauquelle. Jedenfalls ist es das, was Generationen von internationalen Touristen als die Quelle der Donau betrachten. Wer hinkommt, stellt sich in Positur und läßt sich auf einem Foto verewigen. Dabei haben wir doch in der Schule gelernt: »Brigach und Breg bringen die Donau zuweg'«. Und in der Tat – keiner der beiden Flüsse entspringt im Schloßpark von Donaueschingen. Beide haben schon mehr als vierzig Kilometer hinter sich, ehe sie sich hier vereinen, um den berühmten Strom »zuweg' zu bringen«.
So kann es nicht verwundern, daß um die Donauquelle immer wieder Streit entbrannte. Furtwangen nimmt für sich das alleinige Recht in Anspruch, Quellort der Donau zu sein, denn dort entspringt der längere der beiden Quellflüsse, die Breg. Man bemühte sogar die Landesregierung in Stuttgart zwecks endgültiger Schlichtung des Donaustreits. Was aber macht eine Regierung in einem solchen Fall? Sie beauftragt Gutachter. So geschah es 1970. Eine Autorität entschied, daß in Furtwangen die Donau zu entspringen habe. Das Innenministerium schloß sich dieser Entscheidung an und erklärte sie für amtlich. Donaueschingen wollte sich nicht fügen, machte Eingaben und errang einen Pyrrhussieg. Erneuter Erlaß im Jahre 1981: Weder Furtwangen noch Donaueschingen dürfen touristisch mit der Donauquelle werben. Auch amtliche Karten verzeichnen seitdem keine Donauquelle mehr. An der schönen blauen Donau, das gilt also nicht mehr ganz ungetrübt für Donaueschingen. Dafür hat man dort weltberühmte Musiktage, auf denen derartiges sowieso nicht gespielt wird.

Schneckensüpple

40 Weinbergschnecken ohne Häuser, vorgegart
2 EL Butter
2–3 EL feingehackte Schalotten
1/4 l kräftiger, herber Weißwein, am besten Grauburgunder
Salz
weißer Pfeffer (Mühle)
gut 1/2 l Kalbs- oder Hühnerbrühe
1–2 Knoblauchzehen
3 EL gehackte Petersilie
125 g Crème fraîche
2–3 Eigelb
geröstete Weißbrotwürfelchen

Ein Drittel der Schnecken fein hacken und in einem Suppentopf in der Butter zusammen mit den Schalotten so lange andünsten, bis diese gut glasig sind. Mit dem Weißwein ablöschen und etwa zur Hälfte einkochen.
Die restlichen Schnecken halbieren und etwa 10 Minuten im Weinsud köcheln lassen. Verwendet man konservierte Schnekken, so gibt man deren Flüssigkeit ebenfalls zu. Mit wenig Salz und Pfeffer würzen. Die Brühe zugießen. Erhitzen, dabei gut umrühren. Knoblauch durch eine Presse zugeben. 2 EL Petersilie zufügen. Mehrfach aufwallen lassen, dann von der Kochplatte nehmen und nacheinander mit Crème fraîche und Eigelb legieren. Beim Servieren mit Brotwürfelchen und der restlichen Petersilie bestreuen.

Wer sich in Deutschland an Weinbergschnecken delektieren will, muß in der Regel in ein Feinschmeckerrestaurant gehen. In Baden allerdings kann man Schnecken auch überall in Dorfgasthäusern bekommen.
Sie gehören seit langem zur Landesküche. In den Weinbergen fand man die Tiere, die stets ihr Haus mitschleppen, früher in Massen. Da sie sich sprichwörtlich langsam bewegen, ist es nicht schwer, sie einzusammeln. Mühsamer ist es dann schon, frische Schnecken vorzubereiten. Badener wissen, wie man das macht, allen anderen Feinschmeckern empfehlen wir, sich der konservierten Schnecken zu bedienen. Man kann auch tiefgefrorene kaufen, muß die dann allerdings aus ihren Häusern ziehen. Die darin enthaltene Schneckenbutter verwendet man zum Andünsten. Sie ist bereits vorgewürzt.
Die intensive Bewirtschaftung der Weinberge hat die Schnecken weitgehend daraus vertrieben. Eher findet man sie heute an Wegrändern, auf Ödflächen und – zum Ärger des Hobbygärtners – in dessen Salatbeet. Was uns daran erinnert, daß Schnecken den Schädlingen zugerechnet werden. Das hinderte Naturschutzbehörden nicht daran, sie unter Artenschutz zu stellen. Man mußte also Schonzeiten festlegen. Schneckenjäger dürfen nur vom 1. April bis zum 15. Juni losziehen, und das auch nur in jedem dritten Jahr.
Schneckenfreunde hätten wahrscheinlich schon längst auf ihre Lieblingsspeise verzichten müssen, gäbe es nicht die Importe aus den Ostblockstaaten. Außerdem werden inzwischen bei uns und in Frankreich die Weinbergschnekken in speziellen Farmen gezüchtet.
Kulturbeflissene Feinschmecker wissen natürlich, daß schon die alten Römer gern Schnecken aßen. Sie prahlten bekanntermaßen mit ihrer Völlerei. Ob sie es wohl mit jenem Elsässer aufgenommen hätten, der einige Jahrhunderte später in zehn Minuten nicht weniger als 164 Schnecken verspeiste?

Panierte Kalbsfüße

3 Kalbsfüße
Suppengrün
6 Pimentkörner
Salz
Pfeffer (Mühle)
1/2 l herber Weißwein
4 EL Mehl
etwas helles Bier
1 EL Öl
1 Ei
Fett zum Ausbacken
3 Bund Petersilie

Die Kalbsfüße vom Metzger spalten lassen. Mit Suppengrün, Pimentkörnern und Salz in Wasser etwa 2 1/2 Stunden kochen. Das Fleisch noch warm von den Knochen lösen und in etwa 6 cm große Stücke schneiden. Diese beidseitig mit wenig Salz und reichlich Pfeffer bestreuen, zwischen 2 Küchenbretter legen, diese beschweren. Nach 1–2 Stunden die Fleischstücke in den Wein einlegen. Darin müssen sie knapp 2 Stunden bleiben. Wichtig ist, daß die Stücke mehrmals umgedreht werden. Nach dem Herausnehmen abtrocknen. Das Mehl inzwischen mit wenig Bier, dem Öl und 1 Eigelb zu einem nicht zu dünnflüssigen Ausbackteig verrühren und mit Salz (vielleicht auch noch einer winzigen Prise Zucker zur Geschmacksabrundung) würzen. Nach 1 Stunde Ruhezeit das steifgeschlagene Eiweiß unterheben.
Die Kalbsfußstücke in Mehl wenden, durch den Ausbackteig ziehen und bei etwa 180° C im Fett goldbraun und knusprig ausbacken. Anschließend die in Sträußchen geteilte Petersilie zur Beilage kurz im Fett fritieren.
Kartoffelsalat und Remouladensauce schmecken gut dazu.

Kalbfleisch ist eine besondere Spezialität des deutschen Südwestens. Vor allem in Baden ist es sehr beliebt. Es gibt dafür zahllose Rezepte, die hauptsächlich aus dem Schwarzwald und vom Oberrhein stammen. Dabei sollten wir nicht vergessen, daß für unsere Großmütter oder Urgroßmütter die Auswahl beim Fleischeinkauf noch sehr viel bescheidener war als heute. Das hing nicht mit mangelnder Versorgung und auch nicht unbedingt mit Geldmangel, sondern vor allem mit fehlenden Kühlmöglichkeiten zusammen. Selbst in den Städten gab es oft nur einmal pro Woche Frischfleisch. Die verstreut liegenden Höfe des Schwarzwalds waren ganz auf Selbstversorgung, also auf Hausschlachtung, angewiesen. Deshalb auch die vielen Behandlungsformen für Schweinefleisch, besonders das Pökeln und Räuchern, was seine traditionellen Spuren hinterlassen hat.
Dann und wann wurde auch ein Kälbchen geschlachtet. Das war in einer Großfamilie schnell aufgegessen, kam also gar nicht in Gefahr zu verderben. Die Schlachtung war manchmal sogar der einzige Ausweg aus der Stallenge. Man hatte nicht genügend Platz (oder auch Futter), um immer alle Kälber großzuziehen.
Heute findet man bei badischen Metzgern ausgezeichnete Kalbfleischqualität. Französische Köche, die als Gastarbeiter kommen, bestätigen das immer wieder.
Unser Kalbsfußrezept beweist wieder einmal, wie haushälterisch man einst mit allem umgegangen ist. Der Kalbsfuß wurde gleich zweimal genutzt, nämlich erst zum Auskochen einer feinen Gelatinebrühe und dann noch zum Verspeisen. Besonders anzuerkennen ist die kulinarische Leistung badischer Hausmütter, die daraus eine wahre Delikatesse zauberten. Man verwendet hierzu am besten die unteren Teile der Vorderhaxen.

Oberrheinische Austern

1 Karpfenmilch (vielleicht auch mehrere, da diese unterschiedlich groß sind)
gut 1/4 l Milch
Saft von 3 Zitronen
2 Tassen Fischbrühe
1 gehäufter EL Sardellenpaste
125 g frische Champignons
2 Eigelb
1–2 EL Butter
Salz

Zum Garnieren:
Petersilie oder Dill
Zitronenachtel

Karpfenmilch in einer kleinen Schüssel mit kaltem Wasser, dem 1/8 l Milch beigemischt wurde, gründlich waschen. In frischem Wasser mit der restlichen Milch einige Stunden wässern. Mit Küchenkrepp abtupfen und in 8 gleich große Stücke teilen. Diese in gereinigte, trockene Muschel- oder Austernschalen legen, mit Zitronensaft beträufeln und darin wenden.
Die Fischbrühe kann man sich aus Fischresten (Gräten, Köpfe ohne Kiemen), Suppengrün und Lorbeerblatt kochen, oder man verwendet Fischfond aus der Dose. In der Brühe zuerst die Sardellenpaste verrühren, dann zusammen mit den geputzten und in dünne Scheiben geschnittenen Champignons kochen, bis die Pilze weich sind. Alles durch ein Haarsieb streichen und mit dem Eigelb verrühren. Diese gebundene Sauce in die Muschelschalen gießen, nochmals etwas Zitronensaft darüber träufeln und Butterflöckchen aufsetzen. Auf einem Backblech reichlich Salz verteilen, die einzelnen Schalen hineindrücken, so daß sie nicht umkippen können, und im Ofen bei etwa 200° C so lange backen, bis sich eine goldgelbe Kruste mit dunkelbraunen Streifen darauf gebildet hat.
Zum Servieren werden diese falschen Austern mit kleinen Petersiliensträußchen und Zitronenachteln garniert. Dazu reicht man Toastbrot und Butter.
Zum Auslegen nimmt man am besten Ragout-fin-Schalen, die von Jakobsmuscheln stammen und die man im Fachhandel überall kaufen kann.
Das Ganze ist dann eine sehr anmutige und wohlschmeckende kleine Vorspeise, mit der man auch die verwöhntesten Gäste überraschen wird.

Das Rezept stammt von einer Familie, die seit Generationen in der Nähe Baden-Badens ansässig ist. Sicher handelt es sich dabei nicht um ein sogenanntes »bodenständiges« Gericht, obwohl es bestimmt echt badisch ist, denn es hat sich aus der kulinarischen Tradition dieser Landschaft entwickelt. Schon immer spielten da fremdländische Einflüsse eine Rolle. Bei diesem Rezept sind sie entweder über den Rhein aus Frankreich gekommen, oder man hat die Anregung aus der internationalen Gastronomie des Weltbades an der Oos bezogen.
Und noch etwas ist bei diesen »oberrheinischen Austern« ganz typisch badisch: die Freude an pikanten, kleinen Speisen. Vorspeisen oder auch Voressen (dieses Wort kennt man außer in Baden nur noch in der Schweiz) liebte man am Oberrhein schon immer. Die Mahlzeiten wurden lieber aus mehreren Gängen zusammengesetzt, als daß man nur eine große Schüssel mit deftigem Inhalt auf den Tisch stellte. Wer heute in Baden speist, der wird dies selbst in den Gasthöfen kleiner Dörfer bestätigt finden.

Röschtele

700 g Innereien vom Kalb
(Leber, Herz, Lunge, Milz)
3 EL Schweine- oder Butterschmalz
3 Zwiebeln
3 EL Mehl
2–3 Tassen Fleischbrühe
Salz
schwarzer Pfeffer (Mühle)
1/4 l herber Weißwein
2 TL Tomatenmark
einige Spritzer Weinessig

Innereien gründlich waschen und alle Häutchen und Adern entfernen. Mit Küchenkrepp abtrocknen und in Streifchen schneiden. Leber beiseite legen. Die anderen Innereien in einer großen Pfanne in 2 EL Schmalz scharf anbraten. Dann die Hitze etwas verringern. Zwiebeln schälen, vierteln und in sehr dünne Scheiben schneiden. Diese zu den Innereien in die Pfanne geben und glasig werden lassen. Dabei häufig wenden. Nach etwa 5 Minuten das Mehl darüber stäuben und so lange mitrösten, bis der gesamte Pfanneninhalt Farbe angenommen hat.
Nun die Fleischbrühe zugießen, kräftig mit Salz und Pfeffer aus der Mühle würzen. Gelegentlich umrühren und alles so lange garen, bis die Innereien weich sind. Dabei nach und nach den Wein, in dem das Tomatenmark verrührt wurde, zugießen. Mit einigen Spritzern Essig zusätzlich säuern.
Leber im restlichen Schmalz in einer anderen Pfanne kurz anbraten und zu den übrigen Innereien geben. Gut vermischen. Die Sauce soll dunkel und sämig sein.

Dies ist ein typisches Saueressen, wie man es in Baden als kleine Zwischenmahlzeit liebt. Das Rezept stammt aus Wolfach, einem idyllischen Städtchen. Dort und in der ganzen Gegend des mittleren Kinzigtales aß man die *Röschtele* stets nach dem Kirchgang, wenn sich die Männer noch zu einem Schwatz im Gasthaus versammelten, während die Frauen ihren Plausch auf dem Heimweg hielten und sich dann um das Mittagessen kümmerten. Das wollten die Männer später natürlich auch noch genießen, bei den Röschtele wollten sie sich lediglich den rechten Appetit dafür holen. Deshalb verzehrten sie zu diesem Saueressen auch nur ein kleines Weckle oder ein Stückchen Brot.
Leider ist diese köstliche kleine Mahlzeit heute von vielen Gasthaustischen verschwunden. Dafür dürften weniger veränderte Geschmacksrichtungen, sondern eher die gestiegenen Preise für Kalbsinnereien verantwortlich sein.
In der Schwarzwaldlandschaft, in der die Röschtele heimisch sind, ist auch das berühmteste Trachtenteil Badens beheimatet, der *Bollenhut.* Noch immer wird er sonntags viel getragen. Für heimatbewußte Schwarzwälderinnen gehört er unbedingt zum Kirchgang. Dabei ist die Tracht sicher nicht nur aus bäuerlichem Festhalten am Althergebrachten so beliebt geblieben. Die holde Weiblichkeit hat mit sicherem Instinkt erkannt, wie kleidsam sie ist. Die Männertrachten sind weit weniger attraktiv, und man sieht sie daher viel seltener.
Die Wollkugeln des Bollenhutes sind übrigens nur für unverheiratete Mädchen rot, Ehefrauen tragen auf ihren Hüten schwarze Bollen. Dazu gehört immer ein schleierartiges Tuch, das zur Haube gebunden unter dem Bollenhut die Haare umschließt. Noch sehr viel reizvoller ist in der gleichen Gegend der *Schäppel,* ein großer, kronenähnlicher Aufbau, der mit Perlen und Verzierungen besetzt ist und von Bräuten getragen wird.

Herrensalat

3 große Äpfel
2 mittelgroße Zwiebeln
1 Prise Salz
1 kleine Prise Zucker
2 EL Zitronensaft
1 Tasse Mayonnaise (Rezept nachstehend)
1 EL geriebener Meerrettich
1 EL Bibeliskäs (Quark)
300 g Brombeeren

Für die Mayonnaise:
1 kleines Eigelb
1/2 TL Senf, 1 Prise Salz
1 Prise Zucker
1 Tasse Nußöl
1 EL Zitronensaft

Äpfel schälen und grob raffeln oder in feine Stifte schneiden. Ebenso mit den Zwiebeln verfahren. Salz und Zucker darüber streuen, mit Zitronensaft beträufeln und vermischen.
Die Mayonnaise mit Meerrettich und Quark verrühren, unter die Apfel-Zwiebel-Mischung heben. 1/2 Stunde ziehen lassen. Dann die gewaschenen und getrockneten Brombeeren (am besten sind aromatische Früchte aus dem Wald) einlegen.
Zubereitung der Mayonnaise: alle Zutaten auf die gleiche Temperatur bringen. Eigelb, Senf, Salz und Zucker mit dem Handrührer oder mit einem Schneebesen verrühren. Erst tropfenweise, dann in dünnem Strahl das Öl einrühren. Zum Schluß den Zitronensaft zugeben.

Moderne Kochhandwerker ohne Feingefühl begnügen sich damit, zu allem und jedem sauer eingelegte rote Paprikastreifen zu servieren, ob es schmeckt oder nicht. Die badischen Ahnfrauen waren da schon sehr viel einfühlsamer und phantasievoller. Sie verwendeten fein abgestimmte Gemüse oder Früchte, die sie oft als Wintervorrat selbst eingelegt hatten. Ein klassisches Beispiel dafür ist der Rehrücken, zu dem man gekochte Birnenhälften, mit Johannisbeergelee gefüllt, reicht.
Was in einem handgeschriebenen Kochbuch aus dem späten 19. Jahrhundert als »Herrensalat« bezeichnet wird, kann als kleiner Vorspeisensalat serviert werden, dürfte jedoch vor allem eine Beilage zu Braten aus Schlachtfleisch oder Wild gewesen sein. Es ist eine ungewöhnliche und wirklich köstliche Kombination, die da einstmals eine badische Hausfrau erfunden hat. Oder war es ein Küchenmeister oder eine Herrschaftsköchin? Benennung und Zusammensetzung des Gerichts legen diese Vermutung nahe. Vor allem, wenn man im Originalrezept liest, daß die Mayonnaise »vielleicht einige Tropfen engl. Würze« vertragen könnte. Worcestersoße, denn diese ist zweifellos gemeint, war vor hundert Jahren nur bei den gehobenen Ständen bekannt. Bewundernswert ist an diesem Rezept, daß es sehr modern anmutet. Es beschreibt keine schwere Beilage alter deutscher Art, sondern könnte geradewegs aus der *Nouvelle cuisine* kommen, die, wie man sieht, so neu gar nicht ist.

Saure Kutteln (Sulz)

2 EL Schmalz
3 Zwiebeln
2 EL Mehl
1 Tasse kräftige Fleischbrühe
1/4 l Rotwein
2 Lorbeerblätter
1 Prise Nelkenpulver
Salz
Pfeffer (Mühle)
1 EL Tomatenmark
750 g vorgekochte Kutteln, streifig geschnitten
1–2 EL Essig
1 Prise Zucker
3 zerdrückte Wacholderbeeren

Schmalz in einem Topf erhitzen. Zwiebeln vierteln, dann hauchdünn schneiden, im Fett gut glasig werden lassen. Mehl darüber stäuben und bräunen. Dabei eifrig rühren. Mit der Fleischbrühe und dem Rotwein ablöschen. Mit Lorbeerblättern, Nelkenpulver, Salz und Pfeffer würzen. 1/4 Stunde kochen lassen. Dann das Tomatenmark einrühren und die Kutteln zugeben. Umrühren. Essig und Zucker sowie die Wacholderbeeren zufügen. Wieder umrühren. Zudecken und bei kleiner Hitze noch 1/2 Stunde garen.
Das Gericht pikant abschmecken. Lorbeerblätter herausnehmen und servieren. Dazu schmecken Bratkartoffeln am besten.

Kutteln, Fleck, Tripe oder im Badischen auch Sulz und Sülz sind Gerichte, die aus Pansen und Teilen von Magen und Darm junger Rinder zubereitet werden. Da jeder so eine gewisse Ahnung von der Herkunft der Kutteln hat, findet man oft Widerwillen dagegen. In Hamburg kann es passieren, daß eine Kundin empört den Laden verläßt, wenn der Schlachter ihr Kutteln auch nur als Hundefutter vorschlägt. So was frißt ein vornehmer hanseatischer Fifi nicht. Und es Menschen vorzusetzen ... igittigitt!
In Frankreich sind die Normannen stolz darauf, *Tripes* als Spezialität von Caen zu besitzen. Portugiesen rühmen sich der Kutteln von Porto. In Italien liebt man sie, auf dem Balkan, in der Schweiz – und in Baden-Württemberg. Dort kann man in jeder Metzgerei die Kutteln vorgekocht kaufen. Die meisten Geschäfte haben eine spezielle Maschine, mit der sie die Kutteln in Streifchen schneiden. Wo es diesen Service nicht gibt, muß man die Kutteln selbst gründlich waschen und dann in leichtem Salzwasser zwei Stunden kochen. Das Schneiden ist dann kein Problem mehr, es kostet nur ein wenig Zeit.
Nicht überall werden Kutteln übrigens in Streifen geschnitten, in Caen verwendet man sie beispielsweise in handtellergroßen Stücken.
Eine beliebte südwestdeutsche Kuttelspezialität sind geröstete Kutteln, die man sehr scharf anbrät. Man kann auch Eier darüber schlagen und bekommt so etwas Ähnliches wie ein Kuttelomelett, das hervorragend zu einem grünen Salat paßt.
Wer noch immer nicht seine Abneigung gegen Kutteln überwinden kann, der sollte bedenken, daß er wahrscheinlich schon lange und regelmäßig Kutteln verspeist hat, nämlich in Leberwürsten. Und wer den badischen Feinschmekkern nicht über den (Kuttel-)Weg traut, der möge sich an den berühmten Königsberger Fleck erinnern. Das ist auch ein Kuttelgericht.

Eier im Grünen

8 Eier
3–4 EL saure Sahne
2–3 Tassen grobgeschnittene Sauerampferblätter
3 EL Butter
Salz
geriebene Muskatnuß
3–4 EL süße Sahne

6 Eier werden hart gekocht, abgeschreckt, geschält und der Länge nach geteilt. Die Dotter herauslösen und in einem Schüsselchen zerdrücken. Mit der sauren Sahne und den beiden aufgeschlagenen, frischen Eiern gut verrühren.
Die Sauerampferblätter in kaltem Wasser waschen und ausdrücken. In einer Pfanne 2 EL Butter erhitzen und den Sauerampfer darin unter gelegentlichem Wenden einige Minuten dünsten. Etwas abkühlen lassen und dann auf einem Brett mit dem Wiegemesser zerkleinern. Kräftig salzen und mit geriebener Muskatnuß würzen. In einer Rührschüssel zusammen mit der Butter vom Dünsten und dem Eier-Sauerrahm-Brei gründlich vermischen. Abschmecken. Dann die Eihälften großzügig damit füllen. Eine feuerfeste Form mit flachem Rand und gerade so groß, daß sie alle Eihälften gut nebeneinander aufnehmen kann, mit der restlichen Butter ausstreichen. Die Eihälften mit der gefüllten Seite nach unten einsetzen. Die übriggebliebene grüne Füllmasse mit der süßen Sahne verrühren, kräftig mit Salz und Muskatnuß abschmecken und zwischen den Eihälften verteilen. Im Backofen bei etwa 150° C so lange erhitzen, bis die Füllmasse stockt. Heiß servieren.

Die Eier im Grünen eignen sich als Zwischengericht oder Vorspeise. Erwartet man Gäste, so kann man das Gericht so weit vorbereiten, daß man die gefüllten Eier in die Kasserolle setzt, die restliche Füllmasse vor der endgültigen Fertigstellung nochmals durchrührt, zwischen die Eier gießt und das Ganze in den Ofen schiebt. Als Beilage reicht man frisches Stangenweißbrot, womit beispielsweise zum sonntäglichen Brunch ein willkommenes und raffiniertes Essen serviert werden kann.
Sauerampfer mag hie und da schwierig zu bekommen sein. Nicht alle Gemüsehändler führen ihn, Supermärkte schon gar nicht. Ein guter Gemüsehändler wird Ihnen Sauerampfer aber gern beschaffen, wenn man ihn rechtzeitig bestellt. Früher, als man noch nicht eilig durch die Landschaft trabte, sondern beim Spaziergang Augen für die Natur hatte, wußten die meisten Leute, wo Sauerampfer wild wuchs. Sie haben ihn gern gesammelt. In Baden schätzt man noch heute, besonders im Frühling und Sommer, die Sauerampfersuppe. Man kann dieses pikante Kraut noch immer auf feuchten Wiesen reichlich finden.
Auch der Anbau im Garten ist möglich. Nur die frischen Blätter werden verwendet, von den ersten Maitagen an bis zum Frühherbst hin.
Sauerampfer enthält Oxalsäure, die für Rheuma- und Gichtkranke nicht gerade zuträglich ist. Daher wird bei den meisten Zubereitungsarten, wie auch in dieser, Milch oder Sahne beigefügt. Das darin enthaltene Kalzium bindet die Oxalsäure, macht sie unschädlich und mildert ihren sauer-scharfen Geschmack. So kann man ohne Sorge alle die anderen wertvollen Inhaltsstoffe des Sauerampfers genießen, der diesem Gericht seinen unvergleichlichen Reiz verleiht.

Klingelberger Schüsselfleisch

1 hintere Kalbshaxe
2 EL Schmalz
2 Zwiebeln
2 große gelbe Rüben
Salz
weißer Pfeffer
1 Prise gerebelter Rosmarin
2 zerriebene Lorbeerblätter
3/4 l Klingelberger (Riesling aus der Ortenau) oder ein anderer Riesling
1 zerdrückte Knoblauchzehe
2–3 Lauchstangen
Mehlbutter (Butter, mit Mehl verknetet)

Kalbshaxe bei mittlerer Hitze ringsum in Schmalz anbraten. Sie soll dabei nur ganz leicht gebräunt werden. Herausnehmen, abkühlen lassen. Im gleichen Fett die nicht zu fein geschnittenen Zwiebeln und die gelben Rüben leicht anbraten.
Abgekühltes Fleisch vom Knochen lösen und in mundgerechte Stücke schneiden. Salzen und pfeffern sowie mit Rosmarin und Lorbeerblättern vermengen. In einen feuerfesten Topf füllen. Bratfett mit ganz wenig Wasser loskochen und darüber gießen. Röstgemüse zwischen dem Fleisch verteilen. Wein eingießen, Topf zudecken und im Backofen bei 175° C etwa 60 Minuten garen. Knoblauchzehe und die weißen Teile der geputzten und in Stücke geschnittenen Lauchstangen zugeben.
Weitere 30 Minuten garen. Kurz vor dem Anrichten die Mehlbutter hineinkrümeln und verrühren, bis eine ganz leichte Bindung der Weinsauce erreicht ist. Dazu Nudeln oder Spätzle reichen.

Die Bezeichnung Klingelberger ist selbst Weinkennern nicht immer geläufig. Es handelt sich dabei um einen Riesling aus der Ortenau, meist im Raum Offenburg gewachsen. Berühmt für seinen Klingelberger ist Durbach. Dort gehört den Markgrafen das herrlich gelegene Schloß Staufenberg, das hoch über dem Dorf und inmitten von Weinbergen thront. Zu diesem Schloß gehört noch heute eine ausgezeichnete Weinlage, die einstmals *Klingelberg* hieß. Dort ließ Markgraf Karl Friedrich von Baden anno 1782 erstmals Rieslingreben anpflanzen, die er aus der Gegend um Frankfurt hatte holen lassen. Der Wein daraus brachte es bald zu hohem Ansehen. Klingelberger wurde zum Qualitätsbegriff. Und da auch die badischen Vorväter einen gesunden Sinn für gutes Marketing hatten, verkauften sie ihren Riesling unter dem Namen Klingelberger. Die Nachbargemeinden übernahmen den Begriff. Das war um so berechtigter, als es auch in den Dörfern Bottenau und Haslach gleichnamige Lagen gab. Heute müssen die Ortenauer Winzer den umgekehrten Weg gehen. Ihr Wein wird in ganz Deutschland und über dessen Grenzen hinaus verkauft. Da weiß niemand etwas mit dem Namen Klingelberger anzufangen, und so schreibt man ihn nur noch ergänzend unter die Rebsortenbezeichnung Riesling.
Bei dieser Gelegenheit sei gleich noch auf eine weitere Besonderheit badischer Weinbezeichnungen hingewiesen. Im Klingelbergergebiet gibt es auch noch den Clevner. Das ist ein Name, den man beispielsweise für den blauen Frühburgunder verwendet – vor allem in Württemberg. In der Schweiz bezeichnet man Spätburgunder als Clevner. In der Ortenau hingegen ist Clevner der Name für Traminer. Und dort sollte man es eigentlich besonders gut wissen, denn immerhin ist Durbach die größte Traminergemeinde Deutschlands.
Wer Klingelberger und Clevner genüßlich verkosten will, der kann das in der Schloßschenke oder in einer der Weinstuben des Dorfes tun. Die Landschaft wird ihm dann noch schöner erscheinen und der Ort Durbach noch romantischer.

Grünkernsuppe

175 g Grünkernschrot
je 1 EL sehr fein gewürfelte gelbe Rübe, Zwiebel, Sellerie
3 EL Butterfett
gut 1 l kräftige Fleischbrühe
1/2 altbackenes Brötchen
Salz
Pfeffer (Mühle)
4–5 EL Crème fraîche
1–2 Eigelb
1 Prise Muskatblüte
dazu wahlweise Markklößle, geröstete Brotwürfel oder Schnittlauch

Grünkernschrot zusammen mit allen Gemüsen im Butterfett unter häufigem Umrühren in einem Suppentopf anrösten. Mit der Fleischbrühe ablöschen. Brötchenhälfte abreiben, in hauchdünne Scheiben schneiden und diese in die Suppe geben; sie sollen sich auflösen und etwas Bindung geben.
Alles zusammen unter gelegentlichem Rühren etwa 1 1/2 Stunden sachte kochen. Dabei mit Salz und Pfeffer würzen. Die Crème fraîche zugeben. Eigelb gut verrühren und damit die Suppe legieren. Sie darf nun nicht mehr kochen. Mit Muskatblüte abschmecken.
Soll die Grünkernsuppe mit Markklößle gereicht werden, was in Baden die beliebteste Art ist, so läßt man diese etwa 10 Minuten in der Suppe ziehen. Brotwürfel oder Schnittlauch kommen erst unmittelbar vor dem Anrichten auf die Suppe.

Die Grünkernsuppe ist zweifellos das bekannteste Gericht aus den gerösteten Dinkelkörnern. Sie war noch zu Beginn unseres Jahrhunderts in ganz Deutschland beliebt. Dann verschwand sie mehr und mehr aus den häuslichen Speiseplänen. Im Zuge der Vollwertkost feiert sie jetzt fröhliche Urständ. Erfreulich ist dabei, daß man allenthalben wieder zur alten bäuerlichen Zubereitungsart zurückkehrt und geschrotete Körner verwendet. Zwischen den beiden Weltkriegen konnte man die Grünkernsuppe nicht glatt genug in den Teller bekommen.
Sie wurde fast nur noch aus Grünkernmehl gemacht. Das führte dazu, daß man lange Zeit auch in badischen Lebensmittelgeschäften kein Grünkernschrot mehr fand, sondern nur noch Mehl. Dabei geben die nur geschroteten Körner einen viel kräftigeren, urwüchsigeren Geschmack.
Hätten wir Deutschen den Enthusiasmus, den unsere französischen Nachbarn für ihre Kochkunst aufbringen und auch mit missionarischem Eifer weltweit verkünden, so wäre die Grünkernsuppe mit Markklößle längst zum kulinarischen Weltstar avanciert. Bei internationalen Essen wagen deutsche Gastgeber schon einmal, sie zu servieren – und haben größten Erfolg damit. In manchen Gegenden Badens darf die Grünkernsuppe mit Markklößle nicht beim Hochzeitsschmaus fehlen. Das ist eine Sitte, die wahrscheinlich nicht von den Dörfern ausging, sondern eher in den Städten ihren Ursprung hatte.

Badische Kartoffelsuppe

1 kg Kartoffeln
1 gelbe Rübe
1 Stück Sellerieknolle
1 Lauchstange (weißer Teil)
1 große Zwiebel
2 EL Butter
1 l kräftige Kalbsbrühe
Salz
weißer Pfeffer
geriebene Muskatnuß
1 Lorbeerblatt
1 Stück Petersilienwurzel oder -stiele
1 Tasse Sahne (süß oder sauer)
1 Schuß herber Weißwein
2 EL Schnittlauchröllchen, grobgehackter Kerbel oder Pimpernell

Kartoffeln schälen und in Würfelchen schneiden. Suppengemüse putzen und kleinschneiden.
Zwiebel möglichst fein schneiden und im Suppentopf in der Butter gut glasig werden lassen, nicht bräunen. Ablöschen mit Kalbsbrühe. Kartoffeln sowie Suppengemüse zufügen. Würzen mit Salz, Pfeffer und geriebener Muskatnuß. Lorbeerblatt und Petersilienwurzel (Petersilienstiele) zugeben.
Zugedeckt so lange kochen, bis die Kartoffeln weich sind. Lorbeerblatt und Petersilienwurzel (Stiele) herausnehmen, ebenso ein Viertel der Kartoffelwürfel, diese zur Seite stellen. Den Rest durch ein Haarsieb passieren (mit dem Suppengemüse). Wieder erhitzen, Sahne sowie den Wein zufügen, ebenso die Kartoffelwürfel. Nochmals kurz aufkochen lassen. Mit Schnittlauch, Kerbel oder Pimpernell bestreut servieren.
Man kann diese Suppe beliebig variieren. Sehr gern werden zusätzlich noch geröstete Brotwürfelchen darüber gestreut oder auch abgeschmälzte Zwiebeln.

Der deutsche Südwesten gilt nicht gerade als Kartoffelland, Teigwaren scheinen bekannter und beliebter zu sein. Für Baden selbst stimmt das nur bedingt. Man hat dort schon sehr früh den Wert der Kartoffel erkannt – in den armen Bergregionen den sättigenden, in den reicheren Tälern den kulinarischen. Die Hochachtung vor der Kartoffel ging in Baden so weit, daß man ihr beziehungsweise ihrem vermeintlichen Entdecker, dem englischen Seefahrer Sir Francis Drake, ein Denkmal errichtete, das einzige Kartoffeldenkmal Deutschlands. Leider kann sich heute kein Feinschmecker mehr daran erfreuen. Es ist der bilderstürmerischen Wut einer braunen Lokalgröße zum Opfer gefallen. Sicher hatten die Nazis nichts gegen die Kartoffel, um so mehr gegen den Engländer, der uns indirekt den knolligen Segen beschert haben soll. Also mußte das Denkmal weg. Es stand in Offenburg, der Metropole der Ortenau, die ansonsten wegen ihrer Weine und als aufstrebendes Wirtschaftszentrum bekannt ist. Jüngst hat man sie sogar »Badisches Hollywood« tituliert, weil sich dort zur Bambi-Preisverleihung so viel Darstellerprominenz traf, wie man sie kaum bei einer Oscar-Prämierung sieht.
Noch ein Wort zur badischen Kartoffelsuppe. Das Rezept ist typisch für die Küche dieser Landschaft: Selbst aus einfachen Zutaten macht man gern reiche, volle Speisen. Ein typisches Samstagessen besteht aus Kartoffelsuppe und Zwetschgenkuchen, den man oft auch danach und mit einer Tasse Kaffee serviert.

Zwiebeldünne

400 g Weißbrotteig (eventuell beim Bäcker bestellen)
Fett für die Form
4 Zwiebeln
2 Scheiben durchwachsener Räucherspeck
1 EL Butterschmalz
4 Eier
1 Tasse saure Sahne
1 TL Stärkemehl
Salz
weißer Pfeffer

Weißbrotteig zu 4 länglichen, ovalen Platten auswellen, die nur 2–3 mm dick sein sollten. Auf ein gefettetes Backblech setzen.
Zwiebeln vierteln, dann in dünne Scheiben schneiden. Zusammen mit dem in Streifchen geschnittenen Speck in Butterschmalz bei Mittelhitze glasig werden lassen.
Eier gut verrühren und gründlich mit der Sahne vermischen. Stärkemehl mit einigen Eßlöffeln kaltem Wasser glattrühren und dann unter die Eier-Sahne-Mischung quirlen. Mit Salz und Pfeffer abschmecken.
Zwiebel-Speck-Mischung auf die Teigplatten gleichmäßig verteilen. Es muß ringsum ein kleiner Rand dabei frei bleiben. Den Eier-Sahne-Guß darüber verteilen. Im vorgeheizten Ofen bei über 200° C so lange backen, bis der Guß gestockt ist und der Teig die ersten dunklen Randstellen zeigt. Sofort servieren.

Mit dem Zwiebelkuchen hat der Genießer so seine Probleme. Damit sind ausnahmsweise nicht die berüchtigten Nachwehen gemeint, die es geben kann, sondern die immer mehr verfeinerten und damit entstellten Rezepturen. Da teilt die Zwiebeldünne das unglückliche Schicksal der Käsekuchen. Beide wurden zu Torten, herrlich anzusehen, aber ohne den einstigen urtümlichen Geschmack.
Früher waren die Käsekuchen höchstens 1 bis 2 Zentimeter dick mit Eierquark belegt, aber der schmeckte saftig und vor allem nach Käse. Heute geht der Belag über 5 Zentimeter hoch auf, ist luftig – schmeckt aber höchstens noch nach Zitronenaroma. Vom Backblech ist der Käsekuchen in die Springform gewandert. So erging es auch dem Zwiebelkuchen. Heute nimmt man sogar Blätterteig als Unterlage für leibhaftige Zwiebeltorten, die fast schon die Höhe von Käsesahne-Machwerken erreichen.
Dabei war der Zwiebelkuchen in Baden und wahrscheinlich auch in den benachbarten Landschaften ein Nebenprodukt des bäuerlichen Backtages. Er wurde in den Holzofen geschoben, sofort nachdem die Glut ausgeräumt war, und er buk in der scharfen Hitze vor dem Brot. Vom Brot, das auch als Bauernbrot in Baden oft sehr viel heller ist als anderswo, zweigte man den Teig für die Zwiebelwähe oder Zwiebeldünne ab. Seit einigen Jahren bemühen sich immer mehr Gasthäuser in Baden, wieder diesen dünnen Zwiebelkuchen anzubieten. Feinschmecker nehmen oft beträchtliche Anfahrtswege in Kauf, um ihn zu genießen. Vor allem, wenn es neuen Wein gibt. Es muß der Federweiße sein, der Reißer, der auf der Zunge bitzelt, weil er schon angefangen hat zu gären. Sein Geschmack ist einmalig, herb und mit einem Aroma, das irgendwie an die steinige Erde der Weinberge erinnert. So schätzen ihn nur die Einheimischen und die Kenner. Andere mögen die Nase rümpfen und ihn weit von sich schieben. So kam es, daß man heute den Zwiebelkuchen oft zu dem ganz jungen Wein, dem noch nicht gegorenen, süßen Most verzehrt. Franz Keller, der zuweilen polternde Weinpapst vom Kaiserstuhl, meint, zu einer solchen geschmacklichen Verirrung gebe es nur noch eine Steigerung: »Sauerkraut mit Pralinen«.

Frühlingsschaumtorte

2 mittelgroße Salatköpfe
je 1 Bund Petersilie, Dill und Schnittlauch
einige Blätter Borretsch
1 Zweiglein Estragon
1 kleine Zwiebel
1/4 l entfettete Kalbsbrühe
(oder Hühner-Instantbrühe)
Salz
Selleriesalz
1 Prise Zucker
weißer Pfeffer
einige Spritzer Tabasco
2–3 EL Zitronensaft
1 Beutel gemahlene weiße Gelatine
1 Becher süße Sahne (200 g)

Den Salat grob zerpflücken und waschen. Die Kräuter ebenfalls waschen. Zwiebel schälen und grob zerkleinern. Alles zusammen mit der Brühe im Mixbecher der Küchenmaschine pürieren. Kräftig mit Salz, Selleriesalz, etwas Zucker, weißem Pfeffer, Tabasco und Zitronensaft abschmecken.
Die Gelatine in einigen Eßlöffeln kaltem Wasser quellen lassen, dann leicht erhitzen und so lange rühren, bis alle Körnchen aufgelöst sind. Etwas abkühlen lassen und sehr gründlich mit dem Gemüsepüree vermischen. Die Sahne steif schlagen und vorsichtig unter die Masse heben; es sollten keine weißen Stellen mehr sichtbar sein.
Masse in eine mit kaltem Wasser ausgespülte Schüssel füllen und mehrere Stunden im Kühlschrank stocken lassen. Zum Servieren stürzen. Man kann die Torte mit Eischeiben garnieren oder auch mit gekochten, marinierten Spargelstücken.

Was als Torte firmiert, ist in Wirklichkeit ein pikantes, leichtes Sommeressen. Dazu kann man auch noch eine Remouladensauce reichen. Mit Brot ist diese Frühlingsschaumtorte eine Vorspeise, legt man noch einen Speckpfannkuchen daneben, so hat man eine volle Mahlzeit.
Natürlich handelt es sich auch hier wieder um ein modernes Rezept. Es reiht sich jedoch nahtlos in die kulinarische Landestradition ein, die schon immer den Kopfsalat nicht nur blattweise mit Essig und Öl zubereitete.
Wahre Feinschmecker sind immer darauf aus, alle Zutaten für ihre Speisen so frisch wie möglich zu verarbeiten. Überall in Baden erfreuen sich darum die Wochenmärkte eines regen Zuspruchs. Das gilt auch für die größeren Städte des Landes. Kein Fremder, der nach Freiburg kommt, sollte es versäumen, den dortigen Markt zu besuchen. Eigentlich kann er ihn kaum verfehlen, denn er findet rings um das Freiburger Prachtstück, das herrliche gotische Münster, statt. An jedem Wochentag prangen vormittags um das ehrwürdige Bauwerk die Genüsse von den Feldern der Rheinebene in bunter Fülle. Wem da nicht das Herz aufgeht und das Wasser im Mund zusammenläuft, der ist entweder blind oder magenkrank. Dort blüht wahrhaftig der üppige Gottesgarten Südbaden!
Und auch den kleinen Gärten, die hinter den meisten Häusern (noch immer) zu finden sind, spendet der liebe Gott seinen Segen. Weil er frisch geschnitten so besonders gut schmeckt, ziehen die Badener gern ihren eigenen Salat. Wenn man ihn erfolgreich gegen die Schneckenarmeen verteidigt hat, kann es passieren, daß selbst salatbesessene Familien den Überfluß nicht mehr bewältigen. Und geschossene Köpfe werden auch durch die beste Marinade nicht sonderlich schmackhaft – mit der Schaumtorte allerdings kann man dieses Problem lösen, denn hier stört es nicht, wenn man die harten Außenblätter und den Strunk mitpüriert.

Salbeimäusle

pro Person etwa 10 frische Salbeiblätter

Ausbackteig (für 4–6 Personen):
125 g Mehl
etwa 4 EL Wasser oder herber Weißwein
1 großes Eigelb
1 EL zerlassene Butter
Salz (Zucker)
1 Eiweiß
Ausbackfett

Salbeiblätter waschen und auf Küchenkrepp abtrocknen lassen.
Für den Teig das Mehl mit dem Wasser oder Wein verrühren. Eigelb sowie zerlassene und wieder abgekühlte Butter danach einrühren. Wenig Salz dazugeben und mindestens 1 Stunde ruhen lassen, damit der Teig gut quellen kann.
Vor dem Ausbacken das Eiweiß mit 1 Prise Salz zu steifem Schnee schlagen – will man die Salbeimäusle als Nachspeise servieren, so fügt man statt Salz Zucker oder Vanillezucker zu. Eischnee unter den Teig heben. Darin die Salbeiblätter einzeln wenden, überflüssigen Teig abstreifen, indem man die Blätter zwischen Zeige- und Mittelfinger locker hindurchzieht. Im erhitzten Ausbackfett zu goldbrauner Farbe backen, dabei wenden. Auf Küchenkrepp entfetten und heiß servieren.
Salbeimäusle passen hervorragend zu hellem Fleisch oder Fisch mit Sahnesauce. Außerdem kann man sie einfach als Knabberei zu Wein oder Bier reichen. Mit Puderzucker bestreut, schmeckt die ›süße Version‹ herrlich zu Kompott oder Cremespeisen.

Man mag über dieses und jenes unserer modernen Zeit klagen. Wenn es aber um Kräuter geht, besteht dazu kein Grund. Wir erleben schon seit einigen Jahren eine Renaissance der Küchenkräuter. Hausfrauen ziehen sich selbst in der Stadt auf Fensterbank oder Balkon ihre eigenen Kräutlein. In Gemüseläden und auf Marktständen werden mehr und mehr frische Kräuter angeboten, und viele Nobelrestaurants sind mit ihren Küchenchefs stolz auf das eigene Kräuterbeet.
Überall in Deutschland hat man die köstliche Würzkraft wieder schätzengelernt, die in heimischen Kräutern steckt, vor allem in den frischen. Wozu uns heute verfeinerter Geschmack veranlaßt, entsprang einst eher ökonomischen und gesundheitlichen Beweggründen. Mit Kräutern konnte man das Einerlei karger Ernährung etwas abwechslungsreicher gestalten. Außerdem kannten unsere Urgroßmütter noch sehr wohl die heilende Wirkung, die in vielen Kräutern steckt. Einige dieser Anwendungen sind lebendig geblieben: So hilft das Kamillensäckchen oft besser als ein Heizkissen, hat das Baby Bauchgrimmen, gibt man ihm Fencheltee, Rosmarin als Badezusatz belebt so, daß man ihn abends nicht verwenden sollte, und Beifuß hilft, fette Braten zu verdauen.
Die Kräuterkunde ist so alt wie die Menschheit. In Baden ist sie wahrscheinlich lebendiger geblieben als in anderen deutschen Landschaften. Ob da die alte Tradition der Klöster besonders stark nachwirkte oder ob es die volkstümliche Feinschmeckerei war, das ist wohl kaum festzustellen. Hauptsache, die Kräuter haben sich in Küche und Hausapotheke erhalten.
Zu den Berühmtheiten unter den deutschen Kräuterbüchern gehört der Band *Hortulus*, der von Abt Walahfrid Strabo schon im 9. Jahrhundert auf der Insel Reichenau geschrieben wurde. Er ist in lateinischer Sprache abgefaßt, gibt aber in seiner poetischen Ausdrucksweise den Geist der gesegneten badischen Landschaft wieder, in der er entstand.

Hügelsheimer Pfannkuchen

1/2 l Wasser
1 kräftige Prise Salz
100 g Butter
250 g Mehl
1 Prise Muskatblüte
3–4 Eier
reichlich Öl oder Fett zum Ausbacken

Das Wasser in einem Topf zusammen mit Salz und Butter zum Kochen bringen. Dann das Mehl auf einmal hineinschütten. Den Topf von der Kochstelle nehmen und mit einem Holzlöffel rühren. Sobald sich ein Klumpen zu bilden beginnt, den Topf wieder aufs Feuer zurückstellen, aber ständig weiterrühren, bis sich auf dem Topfboden ein leichter weißer Überzug zeigt.
Topf jetzt endgültig von der Kochstelle nehmen. Muskatblüte über den Teigkloß stäuben. Einige Minuten abkühlen lassen, dann die Eier einzeln über den Teig schlagen und einrühren. Jedes Ei muß vollständig vom Teig aufgenommen sein, ehe man das nächste zugibt. So viele Eier verwenden, daß der Teig glänzt und beginnt, geschmeidig zu werden. Fett in einer großen Pfanne oder einer Friteuse erhitzen. Den Teig portionsweise in einen Spritzbeutel füllen und etwa untertassengroß zu engen Spiralen ins siedende Fett spritzen. Beim Aufgehen backen die Spiralstränge zusammen. Mit einem Schaumlöffel wenden. Die Pfannkuchen müssen beiderseits goldbraun und kroß sein. Auf Küchenkrepp entfetten und heiß servieren. Die Teigschnecken schmecken gut zu Spargel.

Wer kennt schon Hügelsheim? Es ist ein Dorf in der Nähe von Baden-Baden und inmitten von Spargelfeldern gelegen. Wegen seiner Pfannkuchen, die es als Spargelbeilage gibt, hätte es verdient, weit über die Grenzen Badens hinaus berühmt zu werden. Leider haben sich die Hügelsheimer Gastwirte untereinander verpflichtet, das Rezept ihrer Pfannkuchen geheimzuhalten. Einige in die Heimat zurückgekehrte kanadische Frauen, deren Männer auf dem nahe bei Hügelsheim gelegenen NATO-Flugplatz stationiert gewesen waren, baten den Autor dieses Buches vor Jahren um Hilfe. Auch ihm verriet man das Rezept nicht. So probierte er herum und fand die Zubereitung selbst heraus. Dieser Hügelsheimer Pfannkuchen zeigt wieder einmal, welche weiten, oft verschlungenen und seltsamen Wege Spezialitätenrezepte mitunter gehen. In Spanien wird auf Jahrmärkten und in Cafés fast identisches Backwerk verkauft. Es heißt dort *Churros* und ist ein süßes Naschwerk. Man spritzt die Teigspiralen mit weitem Abstand ins siedende Fett – dort natürlich Öl –, damit sie zu einzelnen Strängen ausbacken, die dann in Stücke geschnitten und mit Puderzucker bestreut werden.

Löwenzahnsalat

6 Handvoll Löwenzahnblätter
2 EL Essig
1 kräftige Prise Salz
1 kleine Prise Zucker
2 EL Öl
Pfeffer (Mühle)
1 mittelgroße, warme Pellkartoffel
150 g durchwachsener, geräucherter Speck

Löwenzahnblätter gründlich waschen, abtropfen lassen und mit Küchenkrepp trockentupfen.
Essig mit Salz und Zucker verrühren. Das Öl zugießen und kräftig schlagen, bis eine glatte Marinade entsteht. Darin die Löwenzahnblätter mehrmals wenden. Mit Pfeffer aus der Mühle bestreuen.
Die Pellkartoffel schälen und mit einer Gabel zerdrücken. Unter den Salat mischen.
Am besten macht man das in einer Schüssel, die man über einen Topf mit heißem Wasser setzt. In der gewärmten Schüssel werden die Löwenzahnblätter etwas weicher. Die Kartoffelzugabe kann auch wegfallen, wenn der kräftige Geschmack der Löwenzahnblätter gewünscht wird.
Speck in Würfelchen oder kleine Streifen schneiden und diese in einer Pfanne auslassen. Sie dürfen dabei nicht zu kroß werden. Mit ihrem Fett werden die ausgelassenen Speckstückchen über den Salat gegossen, den man dann noch gut 10 Minuten ziehen lassen sollte. Dabei bleibt er über heißem Wasser und wird mehrmals vorsichtig gemischt.
In Baden werden sehr gern verlorene Eier zu diesem kräftigen Salat gegessen. Das helle Bauernbrot der Gegend gehört natürlich auch dazu.

S*eicher,* das ist der in ländlichen Gegenden Badens übliche Ausdruck für die Löwenzahnblätter. Im angrenzenden Elsaß ist das Wort ebenfalls gang und gäbe. Für unsere Landsleute, die nur des Hochdeutschen mächtig sind, muß wohl eine Erklärung geliefert werden. Das Wort ist sehr alt und wurde zur Zeit des Mittelhochdeutschen auch in der besten Gesellschaft bedenkenlos gebraucht. Am vornehmsten übersetzt man es heute wohl mit einem Hinweis auf das Französische, dort heißt der Löwenzahn *Pissenlit,* was eigentlich Bettnässer bedeutet.
Wer als Franzose Pissenlit sagt oder als Badener Seicher, der handelt sehr praktisch, denn er weist damit gleich auf eine gesunde Nebenwirkung dieses Salates hin, die jedoch der Feinschmecker gern in Kauf nimmt.
In Baden kann man – wie in Frankreich auch – die Löwenzahnblätter im Frühjahr überall auf den Märkten finden.
Familien, die sich einige guten Seiten des Altmodischen bewahrt haben, machen Spaziergänge über die Wiesen und schneiden selbst die Löwenzahnblätter, die ja weit verbreitet als »Unkraut« wachsen. Unmittelbar nach dem Krieg konnte man solche Salaternter täglich sogar in der feudalen Lichtentaler Allee Baden-Badens beobachten.
Als die Weinberge noch nicht die Segnungen der Chemie erfuhren, schnitt man besonders gern die Löwenzahnblätter zwischen den Rebstöcken. Daß die unter Rieslingreben gewachsenen besonders aromatisch schmecken, ist nicht mehr als ein Histörchen, welches man zuweilen nach dem fünften Viertele Wein erzählt.
Wirklich schmackhaft sind nur die ganz jungen, hellgrünen Blätter. An vielen Orten Deutschlands und auch in Holland kultiviert man Löwenzahn in Gärtnereien. Man hat sogar Sorten gezüchtet, die kaum noch Bitterstoffe enthalten. Zudem bleicht man die Blätter unter Folie oder in der Erde, damit sie fast weiß in den Handel kommen.
Auf badische Art zubereitet, schmecken selbst die sehr gut.

Gebrannte Mehlsuppe

50 g Butter oder Butterschmalz
50 g Mehl
1 mittelgroße Zwiebel
11/4 l Fleischbrühe (eventuell Würfelbrühe)
Salz
Pfeffer
geriebene Muskatnuß
4 EL süße Sahne
4 TL Schnittlauchröllchen

Butter in einem Suppentopf erhitzen. Das Mehl einstreuen und kräftig anbräunen, dabei ständig rühren. Wenn das Mehl braun wird, die geriebene Zwiebel zufügen und noch einige Minuten auf dem Feuer weiterrühren.
Mit der Fleischbrühe ablöschen. Flüssigkeit und Mehlschwitze sehr gründlich, am besten mit dem Schneebesen, verrühren. Hitze reduzieren und die Suppe 2 Stunden köcheln lassen. Sollte sie dabei zu stark einkochen, etwas Fleischbrühe nachfüllen, damit man am Ende noch 1 l Suppe hat.
Mit Salz, Pfeffer und geriebener Muskatnuß abschmecken. Die sämige Suppe in Teller füllen. Zur Verfeinerung gibt man dann noch einen kleinen Klecks Sahne darauf und streut Schnittlauchröllchen darüber. Sehr schön sieht es aus, wenn man die Sahne mit einem Löffel zur Spirale über die Suppe zieht.

Diese Suppe ist im Südzipfel Badens besonders populär. Man nennt sie im Dialekt auch *brennte Mehlsupp*. Es war ursprünglich eine Armeleutespeise. Die Zutaten sind ganz einfach, man fragt sich zunächst, wie daraus feiner Wohlgeschmack entstehen kann. Und doch ist das möglich. Alles kommt auf die Zubereitung an. Entscheidend ist die lange Zeit des Köchelns. Die Würzung mit geriebener Muskatnuß kann je nach Geschmack noch etwas verstärkt werden.
Es gibt dann noch eine Reihe weiterer Zutaten, die meist erst beim Anrichten zugefügt werden. Dazu gehören geröstete Weißbrotwürfel, Schnittlauch oder Petersilie. Zur Abwechslung hat man zuweilen auch etwas Essig oder eigenen Apfelmost am Schluß in die Suppe gegeben, um sie pikanter zu machen.
Aus dem Glottertal ist bekannt, daß man Birnen zur gebrannten Mehlsuppe gereicht hat, die geschält und frisch dazu gegessen wurden.
Abwandlungen bei der Zubereitung sind dadurch möglich, daß man zum Anrösten des Mehls an Stelle der Butter Schmalz nimmt. Eine interessante Zubereitungsart ist aus Bernau, dem Hans-Thoma-Dorf, bekannt. Dort haben die bäuerlichen Köchinnen kurz vor Ende der Garzeit einige rohe Kartoffeln in die Suppe gerieben, die dann nur noch so lange köcheln durfte, daß diese gerade gar waren. Sie mußten noch etwas Biß haben und der Mehlsuppe einen frisch-knackigen Geschmack geben. Diese Kartoffelzugabe war besonders wertvoll, wenn die Suppe mit Roggenmehl gemacht wurde, das überall auf der Höhe zu haben war.
Heute steht die gebrannte Mehlsuppe zuweilen auf der Speisekarte gehobener Restaurants der Fremdenverkehrsorte unter dem Namen *Schwarzwälder Hirtensuppe*.
Eine Spezialität ist die Mehlsuppe bis auf den heutigen Tag unmittelbar jenseits des Rheines geblieben. In Basel wird sie zur dortigen Fasnacht in frühester Stunde nach dem *Morgestraich* in allen Gasthäusern serviert.

Schweinskopf in Gelee (Tellersulz)

2 gespaltene Kalbsfüße und einige Kalbsknochen
1/2 Schweinskopf ohne Hirn und Zunge
Suppengrün
2 Lorbeerblätter
10 grob zerstoßene Pimentkörner
5 grob zerstoßene Pfefferkörner
Salz
350 g mageres Schweinefleisch
1 Kalbszunge
2 gelbe Rüben
2 Eiweiß
1/4 l Weißwein
1 Prise Zucker
2 Gewürzgurken
1 Schuß Essig

Kalbsfüße, Kalbsknochen und Schweinskopf waschen und mit Suppengrün, Lorbeerblättern, Piment, Pfeffer und Salz in 1 1/2 l Wasser aufkochen lassen. Mehrmals abschäumen. Bei kleiner Hitze 2–3 Stunden köcheln. Nach 1 1/2 Stunden das Schweinefleisch und die Kalbszunge zugeben, nach 2 Stunden die geschabten gelben Rüben.
Sind alle Fleischteile weich, gießt man die Brühe ab, verrührt sie mit dem nur leicht geschlagenen Eiweiß und läßt sie 5 Minuten kochen, um die Brühe zu klären. Anschließend durch ein Sieb, mit Mulltuch ausgelegt, in einen zweiten Topf abgießen. Dann auf gut 1/2 l mit Wein und Zucker einkochen.
Fleischteile des Kopfes, Kalbszunge und mageres Fleisch in Stücke schneiden und auf 4 große Suppenteller verteilen. Stückchen von gelben Rüben und Gewürzgurken dekorativ dazwischen stecken. Die Brühe mit Essig noch etwas säuern, abschmecken und über die Fleischteile gießen. Im Kühlschrank erstarren lassen. Als Beilage empfehlen wir Bratkartoffeln oder kräftiges Bauernbrot.

Zu nebenstehendem Rezept sollte unbedingt angemerkt werden, daß man zusätzlich nur eine ganze Kalbszunge sowie ein größeres Stück mageres Fleisch zu verwenden braucht, um daraus die doppelte Menge zuzubereiten. Damit kommt man dann dem Originalrezept sehr viel näher. Ursprünglich war dieses gelierte Tellergericht ein Ableger der Schlachtfeste, und in den bäuerlichen Familien wurde es natürlich niemals für nur vier Personen gemacht. Zwecks größerer Ergiebigkeit wurde oft auch die Haut der Kalbsfüße kleingeschnitten und mitverwendet – wenn man sie nicht für den Schwartenmagen brauchte. Zuweilen hat man die Brühe auch mit einem Gläschen Madeira oder etwas Knoblauch aromatisiert.
Vom Schlachten ist es nicht weit zum Schinken. Wer jedoch im Südwesten Schinken sagt, denkt an den Schwarzwald. Schwarzwälder Schinken gehört zu den bekanntesten badischen Köstlichkeiten. Leider ist es damit nicht mehr weit her. Schwarzwälder Schinken wird, wie auch Schwarzwälder Kirschtorte, überall hergestellt. Und es ärgert die Badener ganz besonders, daß geschäftstüchtige Schwaben sich auf Schwarzwälder Schinken spezialisiert haben. Mit dem Schwarzwälder Kirschwasser hingegen ist das anders, das muß in Baden gebrannt worden sein.
Anstatt sich um Ursprungsgebiete und Markennamen zu streiten, sollten sich die Schwarzwälder lieber auf die Qualität ihres berühmten Schinkens besinnen, denn hier läßt manches zu wünschen übrig. Der echte, hausgeräucherte Schinken ist heute im Schwarzwald so selten wie die Bachkrebse. Dazu kommt, daß die modernen Hersteller auch in Baden alle möglichen Tricks zum Schnellpökeln anwenden. Und da Zeit Geld ist – selbst im hintersten Gebirgstal – muß auch das Räuchern schneller gehen als dem Schinken guttut. Wobei noch anzumerken bliebe, daß im bäuerlichen Leben des Schwarzwalds der Schinken nie eine große Rolle spielte, man hielt sich eher an den Speck, der kleingeschnitten aufs Brot gelegt wird.

Schneckenrisotto

1 mittelgroße Zwiebel
2 Knoblauchzehen
40 g Butterschmalz
1 zerriebenes Lorbeerblatt
400 g Reis
1/4 l trockener Weißwein
gut 1/2 l Hühnerbrühe
36 Weinbergschnecken mit Schneckenbutter im Häuschen, tiefgefroren
3 EL feingehackte Petersilie
Salz
weißer Pfeffer

Zwiebel und Knoblauchzehen schälen und kleinschneiden; Knoblauch kann auch durch die Presse gedrückt werden. Butterschmalz in einem Topf zergehen lassen und darin Zwiebel und Knoblauch gut glasig werden lassen.
Zerriebenes Lorbeerblatt zusammen mit dem Reis zu den Zwiebeln geben und alles bei mittlerer Hitze unter ständigem Rühren 4–5 Minuten angehen lassen. In dünnem Strahl und in 2 Portionen den Wein zugießen und mit dem Reis verrühren. Sobald keine Flüssigkeit mehr vorhanden ist, nach und nach die heiße Brühe einrühren. Die Schneckenbutter aus den Häuschen beigeben und den Reis noch 1/4 Stunde garen. Dabei mehrfach umrühren. Zum Schluß die Schnecken untermischen. Falls der Risotto zu trocken wird, muß noch etwas Brühe (oder Wein) zugegossen werden. Petersilie darüber streuen, mit Salz und Pfeffer abschmecken.
Zu diesem Risotto schmeckt Parmesankäse nicht, er ist zu scharf und würde den feinen Geschmack der Schnecken überdecken. Wer gar nicht auf Käse verzichten will, der nehme lieber geriebenen Emmentaler.

Die hier beschriebene Zubereitungsart ist ein kulinarischer Abkürzungsweg, auf dem ein wirklich köstlicher Risotto mit ausgefallener Geschmacksnote erreicht werden kann. Zugegeben, es handelt sich bei diesem Gericht um keine althergebrachte badische Spezialität, sondern um eine Mischung aus einer sehr beliebten Schneckenzubereitung und dem inzwischen auch in Baden geschätzten Reis. Hiesige Experten bevorzugen natürlich lebende, selbstgesuchte Schnecken, und sie streiten sich darüber, wann sie am besten sind. Die einen geben den gedeckelten Schnekken zu Beginn des Winterschlafes, für den sie sich vorher Fett angefressen haben, den Vorzug. Andere finden die Tiere nach ihrem Winterschlaf und anschließender Grünfutterweide Ende Mai oder Anfang Juni am besten. Dann nehmen sie gern die mühsame Arbeit des Zurichtens auf sich.
Heute ist es schwer, Schnecken frisch zu bekommen. Man kann sie allerdings auch als Konserven kaufen. Tut man das, so muß man sich für die Zubereitung des Risottos zusätzlich eine Buttermischung herstellen. Man verknetet dazu Butter mit zerdrückten Schalotten, etwas Thymian, Estragon, wenig Nelkenpulver und reichlich kleingeschnittener Petersilie. Diese Buttermischung wird ganz zum Schluß unter den Risotto gemischt.

Avocadoschaum zu Spargel

2 Avocados
3 TL Zitronensaft
1/2 Zwiebel
Salz
weißer Pfeffer
1 kleine Prise Zucker
1 kleiner Spritzer Worcestersoße
150 g süße Sahne

Avocados der Länge nach halbieren, die Kerne auslösen und das weiche Fruchtfleisch mit einem kleinen Löffel in dünnen Schuppen auslösen. Diese sofort mit dem Zitronensaft vermengen. Anschließend durch ein Sieb aus Kunststoff streichen. Die Zwiebelhälfte in Stücke schneiden und diese nacheinander durch die Knoblauchpresse zu den Avocados drücken und damit vermischen. Mit Salz, wenig Pfeffer, etwas Zucker und 1 Spritzer Worcestersoße abschmecken.
Diesen Schaum kann man schon zwei bis drei Stunden vor dem Essen zubereiten. Man legt dann einen der Avocadokerne hinein und schließt luftdicht mit einem Stück klarer Haushaltsfolie ab. So verfärbt sich der Schaum nicht.
Kurz vor dem Servieren wird die Sahne steif geschlagen. Diese vorsichtig unter das Avocadopüree mischen, so daß es eine zarte grüne Farbe erhält. Der Schaum soll Zimmertemperatur haben und wird zu heißem Spargel gereicht.

Diese Sauce zu Spargel hat keine lange regionale Tradition. Sie wurde erst in den siebziger Jahren erfunden – in Baden. Auch dies ist typisch für die Landschaft am Oberrhein, die immer bereitwillig neue Ideen aufgegriffen und zu eigenen kulinarischen Schöpfungen entwickelt hat. Nur durch diese Weltoffenheit konnte Baden letztlich zum Schlemmerparadies werden.
Zum Auftakt der Spargelsaison kauft man dort auch gern einmal Spargel aus Frankreich, von den elsässischen Feldern jenseits des Rheins. Dieser ist weiß mit deutlich violetten Köpfen. Sein Geschmack ist etwas strenger oder, wenn man will, kräftiger als der des deutschen Spargels. Die in Baden vorherrschenden Sorten heißen Schwetzinger Meisterschuß und Lucullus. Sie sind zart in Struktur und Geschmack und makellos weiß, da sie gestochen werden, ehe sie das Köpfchen durch den Erdwall hindurch ans Licht schieben.
Die Spargelernte ist ein mühsames Geschäft, sie erfolgt während der drei Erntemonate frühmorgens und am späteren Nachmittag.
Die frisch gestochenen Spargel werden dann gleich gewaschen und sortiert. In der Handelsklasse I müssen die Stangen weiße Farbe, gerade Form und mindestens 16 Millimeter Durchmesser aufweisen. Beim Verbraucher sind sie trotz ihres hohen Preises am beliebtesten. Geschmacklich sind aber dünnere Stangen, die auch einmal etwas krumm sein dürfen, gleichwertig. Es kommt nur darauf an, daß die Köpfe gut geschlossen und alle Stangen etwa gleich dick sind, damit nicht die einen verkochen, während andere noch hart bleiben. In Baden fährt man zum Spargelgenuß in die Dörfer, in denen das Edelgemüse angebaut wird, und kann dabei sicher sein, daß es wenige Stunden zuvor noch im Boden steckte. Und wer daheim dieses herrliche Gericht serviert, der achte darauf, daß der Spargel nie auf den Esser warten darf. Wartet umgekehrt der Esser auf den Spargel, so schadet das nichts – es verstärkt höchstens noch den Appetit.

Forellensalat

2 frische Forellen
1 Glas Weißwein (Riesling)
4 Schalotten
Salz
weißer Pfeffer
2 geräucherte Forellenfilets
4–5 mittelgroße Champignons
2 EL Zitronensaft
1/2 TL frisches, geschnittenes Basilikum
1 Tasse Mayonnaise
2–3 EL Weißwein (Riesling)
6 große Salatblätter

Zum Garen der Forellen einen Fischtopf oder Schnellkochtopf verwenden. Den Weißwein zusammen mit 3 kleingeschnittenen Schalotten und 1 Glas Wasser zum Kochen bringen, gelochten Einsatz mit den ausgenommenen Forellen darüber setzen, Deckel lose auflegen und die Fische ungefähr 6 Minuten im aufsteigenden Dampf garen. Etwas abgekühlt enthäuten. Fische in streifenähnliche Stücke zerlegen und mit wenig Sud beträufeln. Leicht salzen und pfeffern. Geräucherte Forellenfilets in schmale Streifen schneiden. Champignons (nur Köpfe) putzen und in ganz dünne Scheiben schneiden. Mit Zitronensaft beträufeln und leicht salzen. Restliche Schalotte hauchdünn schneiden. Alle Zutaten zusammen mit dem Basilikum sehr vorsichtig miteinander vermengen.
Mayonnaise mit so viel Weißwein, wie aufgenommen wird, schlagen und dann vorsichtig unter den Salat heben. Zwei Salatblätter in feine Streifen schneiden. Die restlichen Salatblätter auf 4 Teller verteilen und den Forellensalat darauf anrichten.
Mit den Salatstreifen garnieren.
Dazu schmeckt am besten Toast oder Stangenweißbrot mit Butter.

Wer diese köstliche Vorspeise in höchster Vollendung zubereiten will, der schlage sich die dafür benötigte Mayonnaise selbst auf und würze mit Riesling, wodurch das raffinierte Aroma einer Rieslingmayonnaise erreicht wird.
Es gibt noch einige Möglichkeiten, den Forellensalat abzuwandeln, ja zu verfeinern:
– Mandelblättchen leicht anrösten und über den Salat streuen;
– feinblättrige Gartenkresse um die einzelnen Salatportionen zum Ring streuen, in diesem Fall die Blattsalat-Unterlage weglassen;
– Avocadoscheiben als Garnitur verwenden, diese mit Zitronensaft beträufeln.
Forellen erscheinen überall in unserem Land und in unserer Vorstellung als typischer Fisch klarer, munter fließender Gewässer. Damit hinken kulinarischer oder gastronomischer Schein allerdings oft hinter der Wirklichkeit her. Bachforellen aus den reinen, von Bergen herniedersprudelnden Wasserläufen sind nämlich sehr selten geworden. Auch die als Spezialität angebotenen Schwarzwaldforellen sind fast immer Regenbogenforellen, zu erkennen an dem roten Seitenstreifen, während die Bachforelle Punkte hat. Im günstigsten Fall ist die »Schwarzwälder Forelle« in einer Zuchtanstalt in dieser Gegend aufgewachsen, durch die noch frisches Bachwasser strömt. Oft kommt sie aber auch – Gott sei's geklagt – tiefgefroren aus Dänemark oder den USA. Einige findige Wirte aus Baden haben eine Methode entwickelt, die allerdings nur funktioniert, wenn zum Anwesen ein klarer Bach gehört. In diesen werden die Zuchtforellen in einem Kasten ausgesetzt, müssen dann ständig gegen die Strömung anschwimmen und sich auf natürliche Weise ernähren. Und, oh Wunder, schon nach einer Woche schmecken sie deutlich besser.

Badisches Geflügelfüllsel

1 Puter mittlerer Größe (für Gans oder Ente die Zutaten entsprechend verringern)

4 säuerliche Äpfel
500 g geschälte Eßkastanien (Maronen)
1 Scheibe Sellerieknolle, geschält und in Stückchen geschnitten
Salz, 1/2 l Milch
1 große Zwiebel, 2 EL Butterschmalz
Leber des Puters
250 g Geflügel- oder Kalbsleber in Stücken
Pfeffer
etwa 1 TL Rosmarin
350 g frische, grobe Bratwurst

Kerngehäuse der Äpfel ausstechen und diese als Bratäpfel nicht zu weich garen. Fruchtfleisch mit einem kleinen Löffel aus den Schalen herauslösen.
Maronen mit Sellerie und 1/2 TL Salz in Milch weich kochen, eventuell mit Wasser auffüllen, bis alles gut bedeckt ist.
Die geschälte Zwiebel sehr fein schneiden und im Butterschmalz hellgelb werden lassen. Zum Schluß die Leberstücke zugeben und mit Salz, Pfeffer und dem im Mörser zerriebenen Rosmarin würzen.
Maronen abgießen und grob zerkleinern, dann mit den Apfelstücken in die Zwiebel-Leber-Mischung geben, umrühren. Sobald alles genügend abgekühlt ist, die Füllung aus den Bratwürsten herausdrücken und mit den übrigen Zutaten gut verkneten.
Den innen leicht gesalzenen Puter damit füllen.

Die badische Besonderheit dieses Rezeptes sind die Maronen. Eßkastanien oder Maronen – im alltäglichen Sprachgebrauch gehen die beiden Begriffe durcheinander – sind botanisch betrachtet nicht ganz dasselbe. Maronen sind in der Regel größer und haltbarer als Kastanien. Geschmacklich ist der Unterschied kaum zu bemerken.
Eß-, Edelkastanien oder Maronen sind Kinder der südlichen Sonne. Was in Deutschland verkauft wird, kommt vorwiegend aus Frankreich und Italien. Bei uns reifen Edelkastanien nur in klimatisch bevorzugten Weingebieten. Baden, das nicht nur laut Weinwerbung von der Sonne verwöhnt ist, hat seine eigene Maronenernte. Und das schon seit Jahrhunderten. Kein Wunder, wenn auch die badische Küche reichlich Gebrauch davon macht. Während man die nahrhaften, nußähnlichen Früchte in weiten Teilen Deutschlands nur als »heiße Maroni« kennt und in den kalten Monaten von fliegenden Händlern auf der Straße kauft, verwendet die badische Hausfrau sie so, wie es die erfahrenen Küchenchefs großer europäischer Restaurants tun, nämlich zu pikanten und süßen Speisen vielerlei Art. Man macht Cremesuppen daraus, glasiert sie als Beilage zu Wildgeflügel oder verwendet sie auch als Fülle für Gans und Ente. Besonders beliebt sind Kastanien zusammen mit Rotkraut oder Rosenkohl. Zahllos sind die Süßspeisen, die man in Baden aus den Kastanien zaubert. Kalorienreich sind sie allerdings immer.
Wer sich die Mühe des Schälens sparen will, der kann die Früchte in Konserven kaufen, der Geschmack ist dann jedoch etwas fade. Viel besser sind die getrockneten Maronen, die man überall in Baden angeboten bekommt. Sie werden über Nacht eingeweicht und schmecken dann wie frische.
Eine besonders köstliche Delikatesse sind geröstete Kastanien zu neuem Wein, sogenanntem Suser, der trübe ist, leicht schäumt und nur noch einen winzigen Rest von Süße hat.

Hochzeitsfleisch

1 kg Kalbskeule
1 Zwiebel
2 Lorbeerblätter
2 Nelken
2–3 Zitronenscheiben
Petersilienwurzel
2 TL Salz
1/2 l herber Weißwein
1 Spritzer Essig
2 EL Butter
3 EL Mehl
1/4 l Kochbrühe
200 g saure Sahne
eventuell 1 Prise Zucker
1–2 Eigelb

Fleisch mit kochendem Wasser übergießen, damit es schön weiß wird. In nicht zuviel Wasser mit Zwiebel, Lorbeerblättern, Nelken, Zitronenscheiben, Petersilienwurzel, Salz, 1/4 l Wein und 1 Spritzer Essig etwa 1 1/2 Stunden sachte kochen. Das Fleisch soll dabei weich und zart werden, jedoch nicht zerfallen. In einem Topf die Butter zerlassen, das Mehl darin hell anschwitzen und mit durchgeseihter Kochbrühe auffüllen. Mit dem restlichen Wein zur glatten Sauce rühren und mindestens 20 Minuten köcheln lassen. Dann Sahne einrühren und abschmecken. Eventuell noch 1 kleine Prise Zucker zufügen.
Das Fleisch in Scheiben schneiden und gut 1/4 Stunde in der Sauce erhitzen. Diese vor dem Servieren noch mit Eigelb legieren. Sollte die Sauce zu dick geraten, Brühe oder Wein zufügen. Als Beilage eignen sich breite Nudeln.

Dieses Gericht ist auch ein beliebtes Sonntagsessen. Oft verwendet man allerdings die meist billigere Kalbsbrust dazu, die einen sehr guten Geschmack hat und in etwa 4 x 5 Zentimeter große Stücke geschnitten wird. Andererseits verfeinert man das Hochzeitsfleisch gern mit Kalbfleischklößchen, die man aus dem Brät feiner oder mittelfeiner, ungebrühter Bratwürste geformt hat. Man kann das Brät auch noch mit ein wenig durchgedrehter Kalbsleber vermischen.
Hochzeitsfeiern sind überall Anlässe zum Schlemmen. Man zeigt, was man hat. Je urtümlich bäuerlicher die Gesellschaft noch ist, um so üppiger fallen die Hochzeitsfeiern aus. Essen, Trinken und Tanzen stehen dabei im Mittelpunkt.
Um die Mitte des 19. Jahrhunderts wird von Charles Lallemand über die Hochzeitsbräuche in Rippoldsau im Schwarzwald berichtet. Danach nahmen 100 bis 400 Personen an derartigen Gastmählern teil. Und das war der Ablauf: Es begann mit Tanz. Der Mahlzeit erster Teil bestand aus Suppe, gekochtem Fleisch und Gemüse. Danach wurde wieder getanzt. Zweiter Teil der Mahlzeit: Ragout und Süßspeise. Wieder Tanz. Und zum dritten Teil des Essens verspeiste man Braten und Dessert.
Dieses Essen bezahlte jeder selbst. Wie das organisiert wurde, wird leider nicht berichtet. Dagegen erfahren wir von einer Art Voressen, das am Abend vor der Hochzeit im engsten Familienkreis traditionell war. Man setzte sich zur sogenannten *Schäppel-Hirse* zusammen, was man mit »Hirse des Jungfernkranzes« übersetzen könnte. War die Braut jedoch nicht mehr unbescholten, dann gab es nur eine Suppe. Die Jungfrauenhirse gibt es nicht mehr, obwohl man heute wieder Hirse in jedem Reformhaus kaufen kann, sollte es somit an den Jungfrauen liegen?

Eingemachter Haas

3/4 l herber Weißwein
1 Zwiebel
2 Lorbeerblätter
8 Pimentkörner
1 kleiner Schuß Essig
1 Kaninchen, tiefgekühlt
1/2 l Wasser
Salz
4 EL Butter
4 EL Mehl
1/4 l saure Sahne
1 Schuß Weißwein
Pfeffer
wenig Zucker
1–2 Eigelb

Weißwein in eine Schüssel gießen und die in Scheiben geschnittene Zwiebel sowie Lorbeerblätter, Pimentkörner und wenig Essig zusetzen. Das Kaninchen auftauen, in 8 Stücke zerteilen, waschen und mindestens 24 Stunden in der Beize marinieren. Etwa 1/2 l Wasser mit 1 Prise Salz aufkochen, die Fleischteile einlegen und nach ungefähr 10 Minuten die Marinade mitsamt ihren Gewürzen zugießen. Bei kleiner Hitze 60 Minuten köcheln lassen.
In einem Topf die Butter erhitzen, Mehl einrühren und zu einer hellen Einbrenne anschwitzen. Mit 1/2 l Kochbrühe, die man vorzeitig abgenommen hat und etwas erkalten ließ, zur dicken weißen Sauce rühren. Die Sahne und etwas Weißwein darin glattrühren und mit Salz, Pfeffer und 1 Prise Zucker abschmecken. Kaninchenteile mit einer Gabel aus dem Sud holen und in die Sauce legen. Nach etwa 10 Minuten vom Herd nehmen und mit dem Eigelb legieren.

Sprachlich stimmt an diesem Rezept eigentlich gar nichts, aber sein Wohlgeschmack, der kann sich sehen lassen. *Eingemacht* wird dieses Fleisch schon lange nicht mehr, und der *Haas* ist ein Kaninchen. Heute ein Tier aus dem Käfig, denn unsere produktorientierten Bauern haben dem Niederwild fast den gesamten Lebensraum genommen.
Das Rezept *eingemachter Haas* ist einem berühmten Kalbfleischgericht nachempfunden, das ebenfalls in Baden besonders beliebt ist und bei dem das Fleisch in seiner Sauce durch Kochen haltbar gemacht wird.
Unser Rezept stammt aus Villingen. Es enthält noch zwei Zutaten, die in Baden fast allgegenwärtig sind: Wein und Sahne. Im Schwarzwald reichert man nicht selten den eingemachten Haas durch Wiesenchampignons oder auch Steinpilze an.
Zu besonderen Anlässen, vor allem wenn Gäste erwartet werden, ersetzt die Villinger Hausfrau das Wasser durch Kalbs- oder Hühnerbrühe. Die Sauce wird dadurch kräftiger. Will man einen besonders pikanten Fleischgeschmack, trocknet man die Kaninchenstücke nach dem Marinieren gut ab und brät sie kurz in Butter an, ehe man so weiter mit ihnen verfährt wie im Rezept beschrieben.
Unbedingt sollte man bei diesem Gericht der Landessitte folgen und breite Nudeln dazu essen. Glückliches Baden! Dort kann man noch überall bei den Bäckern frische, hausgemachte Nudeln kaufen.
In Karlsruhe aber sagt man zu einem Menschen mit starkem Gemüt: *»Der het Nerve wie breide Nuudle.«* Und das, wo doch die badischen Nudeln so zart sind. Es lohnt sich, sie selbst zu machen. Auf Seite 140 steht, wie das geht.

Leberklößle

1 mittelgroße Zwiebel
1 EL Butterschmalz
100 g entrindetes Weißbrot
1 Tasse Milch
300 g Schweineleber
75 g frischer Schweinebauch
80 g durchwachsener, geräucherter Speck
50 g feiner Grieß
je 1 gehäufter EL gehackte Petersilie und gehackter Kerbel
Salz
Pfeffer
geriebene Muskatnuß
3 Eier

Zwiebel grob zerschneiden und im Butterschmalz hellgelb andünsten. Weißbrot in der Milch weichen lassen. Schweineleber, Schweinebauch und Speck zusammen mit der angedünsteten Zwiebel durch die feinste Scheibe des Fleischwolfs drehen, ebenso das ausgedrückte Weißbrot.
Alles zusammen in einer Schüssel mit dem Grieß, den Kräutern und den Gewürzen vermischen. Die Eier gut verrühren und in den Leberteig einarbeiten.
Mit 2 Eßlöffeln, die immer wieder in heißes Wasser getaucht werden, Klößle formen und aus dem unteren Löffel ins leicht siedende Salzwasser geben. Darin ungefähr 10 Minuten garen. Mit einem Schaumlöffel herausnehmen und abtropfen lassen.
Beim Servieren kann man über die Leberklößle geschmälzte Zwiebeln geben, die ausgezeichnet mit dem zarten Lebergeschmack harmonieren.

Leberklößle ähneln den bayerischen Leberknödeln. In Baden jedoch werden sie mit Teelöffeln klein und schlank geformt, wenn man sie in der Brühe serviert. Ißt man sie als Beilage zum Sauerkraut, wozu dann allerdings noch andere Fleischgenüsse kommen wie etwa Burehäxle (geräucherte, kleine Schweinshaxe), Schäufele und Würste, so dürfen sie auch hier etwas größer ausfallen.
Die Zubereitung wirklich zarter Leberklößle ist wahrhaft eine Kunst. Die Leber kann man schon gemahlen in badischen Metzgereien kaufen. Zu besonders feinen Klößle wird sie jedoch noch einmal im Cutter der Restaurantküche zu einem ganz feinen Brei zerkleinert. Daheim kann man das in der Küchenmaschine machen. Eischnee, den man unter die fertige Masse hebt, macht die Leberklößle noch zarter.
In Wolfach sind sie Traditionsessen, zu dem sich am Nikolaustag die Mitglieder der hochangesehenen Herrengarten-Gesellschaft versammeln. Und dann hebt ein Schmausen nach Vorväterart an. Voll Hochachtung nennt man den Namen eines Mitgliedes, das es schaffte, 35 Leberklößle zu verzehren.

Aus der gleichen Gegend berichtete der Pfarrer und Dichter Heinrich Hansjakob (1837–1916) über die Schlemmereien verschiedener Männerrunden. Meistens handelte es sich dabei um die Zünfte von Haslach im Kinzigtal. »Sie verwandeln alle Strafen in Wein«, stellte er fest. An Einzelheiten zählt er auf, daß, wer Wein verschüttete, so viele Kannen Wein bezahlen mußte, als der ausgelaufene Rebensaft Spannen Platz einnahm. (Eine Spanne entsprach der Länge der gespreizten Hand.) Weinstrafe mußte sogar jeder Zunftmeister zahlen, der an einem öffentlichen Brunnen Wasser trank, und auch der, den man erwischte, wenn er auf der Gasse Brot, Äpfel oder Birnen verzehrte. »Euch ist's dabei nur ums Saufen!« rief ihnen der geistliche Dichter zu, der selbst ursprünglich Bäckermeister war. Nicht selten gab es auch große Wildessen, wenn die Bürger dem Landesherren die überreiche Jagdbeute abkaufen mußten. Sie wurde gemeinschaftlich im Gasthaus verspeist. Der Wirt behielt die Geweihe. So kommt es, daß noch heute in vielen alten Gaststuben zahlreiche Geweihe hängen, auch wenn der Wirt selbst kein Jäger ist.

Rehrücken Baden-Baden

(**8 Personen**)

1 Rehrücken, enthäutet
3/4 l badischer Rotwein
1 Zwiebel in Scheiben
10 Wacholderbeeren
10 Pfefferkörner
6 Scheiben frischer Speck
Salz
Pfeffer
60 g heiße Butter
3/8 l Wildfond
1 Tasse saure Sahne
4 gekochte Birnen
Johannisbeergelee

Rehrücken in Wein mit der Zwiebel, 4 zerdrückten Wacholderbeeren und den Pfefferkörnern über Nacht marinieren. Dann abtrocknen und auf beiden Seiten entlang dem Rückenknochen einschneiden. Die Hälfte des Specks in Streifen schneiden, in 4 zerdrückten Wacholderbeeren wälzen und in die Einschnitte stecken. Rücken mit restlichen zerdrückten Wacholderbeeren, Salz und Pfeffer bestreuen; Gewürze eindrücken und 1 Stunde wirken lassen. Rehrücken in eine flache Form setzen, mit der heißen Butter übergießen und in den auf 250° C vorgeheizten Ofen schieben. Nach 5 Minuten die Hitze auf 190° C verringern, restliche Speckscheiben auflegen und weitere 30 Minuten garen. Dabei mehrmals mit Bratfond übergießen. Rehrücken herausnehmen und etwa 10 Minuten in Alufolie warm halten. Bratensatz mit wenig Marinadenwein loskochen und zusammen mit dem Wildfond und der Sahne verrühren. Abschmecken. Fleisch in zwei Strängen vom Rückgrat und den Rippen losschneiden, schräg in dicke Scheiben tranchieren, die wieder auf den Rücken gesetzt werden. Mit gekochten Birnenhälften umlegen, die an Stelle des ausgestochenen Kernhauses mit Gelee gefüllt sind. Dazu reicht man in Butter gedünstete Pfifferlinge und Spätzle oder Kartoffelkroketten.

Der Rehrücken Baden-Baden ist ein klassisches Rezept, wohl das einzige deutsche, das überall in der internationalen Küche bekannt ist. Die Zubereitung ist nicht ganz einfach und erfordert auch einigen Aufwand. Einige ergänzende Hinweise mögen bei der Arbeit helfen:

Gewürze – die Wacholderbeeren zerschneidet man am besten; Pfefferkörner kann man entweder unter einem flach gelegten, breiten Messer oder im Mörser zerbrechen. Man spricht dann von gebrochenem Pfeffer.

Marinieren – sollte man einen Rehrücken nur kurz, damit das Wildbret nichts von seinem zarten Geschmack verliert.

Braten – durch Übergießen mit heißer Butter, hohe Anfangstemperatur und aufgelegte Speckscheiben bleibt das Fleisch saftig. Es soll innen noch zart rosa sein: Hat es diesen Garpunkt erreicht, so reagiert es auf Daumendruck von außen elastisch. Während der 10 Minuten Ruhezeit danach werden die Säfte gebunden und fließen beim Schneiden nicht aus.

Wildfond – kann man heute in Gläsern in Delikatessensortimenten fertig kaufen. Andernfalls muß man Wildknochen samt geschnittenem Wurzelwerk scharf anbraten, mit Mehl bestäuben, mit Brühe auffüllen und mehrmals, über Stunden hin, einkochen.

Birnen – schälen, halbieren, entkernen, in Wasser mit Zitronensaft und wenig Zimt nicht zu weich kochen. Früher hat man sie auch oft zu Kompott gekocht, da sie jedoch als gefüllte Hälften viel attraktiver aussehen, wählte man später diese Form. Die Füllung besteht in der internationalen Gastronomie häufig aus Preiselbeeren, korrekt müssen es Johannisbeeren sein, am besten als Konfitüre mit ganzen Beeren, ersatzweise Gelee.

Neuerdings kennt man in Baden auch einen Rehrücken Markgräflerart, der umlegt ist mit gefüllten Äpfeln und Wirsingköpfle.

Markgräfler Fasan

1 kg Sauerkraut, mit Gänsefett, Wacholderbeeren und Weißwein gekocht
2 Fasane
1/2 Zitrone
Salz
Pfeffer
100 g fetter Speck
1 grobgeschnittene Zwiebel
1 grobgeschnittene gelbe Rübe
2–3 EL Butterfett
2 TL Mehl
1 EL Butter
1/8 l Hühnerbrühe
1 Schuß Weinbrand
etwa 350 g große Weintrauben

In die beiden gesäuberten Fasane jeweils 1 Zitronenviertel stecken, nachdem man sie innen und außen leicht mit Salz und Pfeffer gewürzt hat. Mit Speckscheiben, die vor allem die Brustpartien bedecken müssen, belegen und mit ungeleimtem Faden zusammenbinden, so daß auch der Speck festgehalten wird.
Zusammen mit Zwiebel und gelber Rübe im Butterfett bei nicht zu großer Hitze ringsum braten. Öfter wenden und begießen. Nach etwa 15 Minuten über die Gemüse Mehl stäuben. Zudecken und Hitze etwas verringern. Nochmals gut 10 Minuten braten, wobei die Fasane auf den Keulen liegen sollten.
Speck entfernen, Fasane längs halbieren. Mit den Keulen nach unten leicht in das köchelnde Sauerkraut drücken.
Noch etwas Butter, Hühnerbrühe und Weinbrand in den Bräter geben, Satz loskochen. Halbierte und entkernte Weintrauben in der Sauce gut erhitzen.
Die Fasanenhälften auf dem Kraut servieren, mit Speckstücken und Weintrauben garnieren. Dazu glasierte Kastanien und Kartoffelpüree reichen.

Das Markgräflerland erstreckt sich südlich des Breisgaus bis zum Rheinknie bei Basel. Es umfaßt den Westabhang des Schwarzwaldes und ist ein fruchtbares, äußerst reizvolles Hügelland.
Der Name Markgrafschaft oder Markgräflerland ist erst wenige Jahrhunderte alt, man wählte ihn, um den markgräflichen Besitz gegen Vorderösterreich mit dem Breisgau abzugrenzen.
Überall wächst dort Wein, vor allem der Gutedel, eine Rebsorte, die man sonst kaum in Deutschland findet. Der Gutedel ist so typisch für diese Landschaft, daß man ihn oft auch Markgräfler nennt. Es ist ein angenehmer, frischer Weißwein, der nicht unbedingt in die hohen Adelskreise der deutschen Gewächse gehört, sondern eher einem frohen Landjunker gleicht. Seine Säure ist sehr verhalten, und so wurde er immer schon ohne Süßreserve ausgebaut. Viele Dichter haben die Weine dieser Landschaft getrunken und ihre Schönheit besungen. Dafür nur ein Beispiel, zwei Zeilen des Schwaben Justinus Kerner: »Sei mir gegrüßt, Badenweiler Au! Ein Stück Italien auf deutschem Grund.«

Ein poetischer Urahn hat seine Heimatlandschaft um Auggen dadurch geehrt, daß er die Geschichte erfand, Noah sei mit seiner Arche dort gelandet. Er verweist sogar auf einen großen Ring, an dem Noah sein Gefährt festgemacht habe.
Da bewegen sich jene Heimatforscher schon auf viel gesicherterem Grund, die da vom Doktor Faust berichten, der von Staufen aus in die Hölle gefahren sei. Man nennt sogar Einzelheiten, es sei im Jahre 1539 gewesen und aus dem Zimmer Nr. 5 des Gasthofs »Zum Löwen«, der nachweislich damals schon über 100 Jahre bestanden hatte.
Im Markgräflerland findet man auch noch Gasthöfe, in denen Wild aus eigener Jagd serviert wird, und dies nur dann, wenn es Saison hat. Und man bekommt zuweilen noch den immer seltener werdenden Fasan. Ansonsten gibt es in jedem Ort Gasthäuser, in denen man die Spezialitäten des Landes zusammen mit dem bodenständigen Wein bestellen kann, der vielleicht sogar noch aus dem Faß geholt wird.

Ochsenschwanz in Spätburgunder

1 kg fleischiger Ochsenschwanz
3 EL Butterschmalz
1 kleingeschnittene Zwiebel
1 EL Mehl
1 TL edelsüßes Paprikapulver
1/4 l Fleischbrühe
Salz, Pfeffer
1/2 TL getrockneter Thymian
1 zerdrückte Knoblauchzehe
2–3 gelbe Rüben
1 Lorbeerblatt
1 Prise gemahlene Nelke
1/2 l Rotwein (Spätburgunder)
125 g durchwachsener geräucherter Speck
20 Perlzwiebelchen, 2 TL Zucker
gehackte Petersilie

Ochsenschwanz in 2 EL Butterschmalz mit der Zwiebel anbräunen. Mit Mehl und Paprika bestäuben. Mehrmals wenden, mit Brühe ablöschen. Mit Salz, Pfeffer, Thymian und Knoblauch würzen. Geputzte gelbe Rüben in Scheibchen schneiden, das Lorbeerblatt zerkrümeln und mit dem Nelkenpulver zugeben. Rotwein zugießen, Deckel auflegen und bei ganz kleiner Hitze 3 Stunden köcheln lassen. Den Speck in Streifen schneiden und im restlichen Butterschmalz anbraten. Dann herausnehmen. Im verbliebenen Fett die ganzen Perlzwiebelchen anbraten, dabei mit etwas Zucker bestreuen, um sie schön zu glasieren. Etwa 10 Minuten vor Ende der Garzeit zusammen mit dem Speck in den Ochsenschwanztopf geben. Beim Anrichten mit Petersilie bestreuen.
Als Beilage eignet sich Brot oder Pellkartoffeln. Dazu trinkt man natürlich einen kräftigen badischen Spätburgunder.

Das Weinland Baden kann man nicht gerade als Rotweinland bezeichnen. Nur etwa ein Fünftel aller badischen Weine sind rot. Bedeutsam sind sie allerdings hinsichtlich ihrer Qualität. Viele von ihnen gehören unbestritten zu den deutschen Spitzenrotweinen. Und – das ist die Besonderheit – es sind fast alles Spätburgunder. Baden ist vor allem ein Land des Burgunders, denn auch Ruländer und Weißer Burgunder gehören zu dieser Rebfamilie.
Vor allem sind da auch noch Rosé und Rotgold zu nennen, typische badische Spezialitäten und beide aus Burgundertrauben gekeltert. Der Weißherbst als Rosé wird aus dem Spätburgunder gewonnen, Badisch Rotgold ist ein Verschnitt von blauem Spätburgunder und Ruländer.
Vor allem der Weißherbst war in den sechziger Jahren so erfolgreich auf dem deutschen Weinmarkt, daß die anderen Anbaugebiete auf dieser rosaroten Welle mitschwimmen wollten und es heute fast überall diesen hellroten, bekömmlichen Tropfen gibt. Als Exklusivität blieb Baden nur mehr sein Rotgold.

In allen badischen Landesteilen wachsen Rotweine. Am Bodensee sind vor allem die Spätburgunder Weißherbste von Meersburg berühmt. Ein Geheimtip ist der Erzinger Rote, ein Spätburgunder vom Hochrhein. Nicht zu verachten sind die Rotweine von den Steillagen des Markgräflerlandes, berühmt sind die vom Kaiserstuhl und aus dem Glottertal. In der Ortenau wachsen die besten Roten in Waldulm und Sasbachwalden, am bekanntesten sind die aus Affental, für die es Flaschen gibt, um die sich ein Affe klammert. Fast schwäbisch, vor allem was die Sorten betrifft, muten die Rotweine in den nördlichen Regionen Badens an. Es lohnt sich wirklich, in Baden auch Roten zu trinken.

Rebhuhn in Linsen

200 g durchwachsener Räucherspeck in Scheiben
1 EL Gänseschmalz
4 vorbereitete Rebhühner
3 kleingeschnittene Zwiebeln
1/2 Tasse Selleriewürfel
1 Tasse Möhrenwürfelchen
etwa 3/4 l Hühnerbrühe
1/4 l Weißwein
Salz, Pfeffer
6 zerdrückte Wacholderbeeren
1 EL Schmalz
400 g vorgeweichte Linsen
1 gewürfelte Kartoffel
1 Lauchstange
1 EL Butter

Speck in Gänseschmalz auslassen, herausnehmen, beiseite stellen. Im verbleibenden Fett die Rebhühner mit 2 kleingeschnittenen Zwiebeln, Sellerie und Möhren anbraten. Ablöschen mit 1 Tasse Hühnerbrühe und dem Wein, würzen mit Salz, Pfeffer, Wacholderbeeren und zum Kochen bringen. Rebhühner nach 30–40 Minuten herausnehmen, Brüste auslösen und beiseite stellen. Übriges Fleisch ablösen, ebenfalls beiseite stellen. Knochen mit 1 Zwiebel in Schmalz anbraten und mit der restlichen Hühnerbrühe 1 Stunde kochen. Durch ein Haarsieb zur Kochbrühe der Rebhühner gießen. Linsen, Kartoffel, geschnittenen Lauch sowie das Fleisch mit Ausnahme der Brüstchen zugeben. Kochen lassen, bis die Linsen gar sind. Abschmecken. Rebhuhnbruststücke kurz in Butter erhitzen, ebenso die Speckscheiben. Beides zusammen auf den Linsen anrichten. Dazu schmeckt ein Glas ›Badisch Rotgold‹, leicht gekühlt.

Rebhühner sind noch seltener geworden als Fasane. So mancher Feinschmecker mag es darum für eine Sünde halten, dieses köstliche Wildgeflügel in plebejischen Linsen zu kochen. Nun, erstens sind Linsen zwar immer billig gewesen, jedoch von ausgezeichnetem Geschmack. Wie hätte sonst Esau sein Erstgeburtsrecht dafür hergeben sollen? Und heute findet man Linsen nicht selten auf den Speisekarten ausgesprochener Gourmetrestaurants. Was die Rebhühner betrifft, so schmeckt auch ein etwas älteres Semester in Linsen gekocht ausgezeichnet. Zum Braten hingegen eignen sich nur ganz junge Tiere.
Zu edlem Wildgeflügel sollte man möglichst keine Beilagen mit ausgeprägtem Eigengeschmack wählen. Es soll Puristen geben, die sogar das geradezu klassische Sauerkraut für Wildbretfrevel halten. Wir sollten jedoch tolerant sein, vor allem, wenn das Kraut mit Wein gegart wurde. Ein wenig frisches Sauerkraut, das man nur kurz mit dem gekochten heiß werden läßt, erhöht den Wohlgeschmack. Allerdings meide man jene Kochartisten, die noch Ananasstücke ins Sauerkraut mischen.

Inmitten der Rebhuhn- und Fasanenmisere gibt es übrigens am Oberrhein auch eine erfreuliche Entwicklung: heimische Wildenten. Die Altrheinarme sind geschrumpft, aber die Baggerseen haben sich ausgebreitet, und dort gibt es heute überall diese schmackhaften Tiere. Hoffen wir nur, daß die langsam überhandnehmenden Windsurfer den armen Vögeln nicht auch noch diesen Lebensraum nehmen.

Bäckeoffe

(8 Personen)

je 500 g Schweineschulter, Ochsenbrust, Lammschulter, alles entbeint
1 Schweinsfuß
1 geschnittene Zwiebel
1 zerdrückte Knoblauchzehe
1 Lorbeerblatt
1/2 TL getrockneter Thymian
2 kleingeschnittene gelbe Rüben
3/4 l herber Riesling
1 kg Kartoffeln
2 große Zwiebeln
Salz
Pfeffer (Mühle)
1–2 Bund Petersilie

Fleisch in mundgerechte Würfel schneiden. Schweinsfuß entbeinen und kleinschneiden, beiseite stellen. Die Fleischwürfel zusammen mit allen Zutaten von Zwiebel bis gelben Rüben in einen Topf schichten und mit dem Riesling übergießen, der alles bedecken sollte. Über Nacht marinieren.
Dann den kleingeschnittenen Schweinsfuß in eine feuerfeste Form mit Deckel legen. Darauf dann die Fleischwürfel, würfelig geschnittene Kartoffeln, in halbe Ringe geschnittene Zwiebeln sowie alles Gemüse der Marinade in bunter Folge einlegen. Jede Schicht kräftig salzen und mit Pfeffer bestreuen. In die Mitte eine Lage kleingeschnittene Petersilie streuen. Marinade zugießen, eventuell noch etwas mehr Wein nachfüllen, um den Topfinhalt zu bedecken. Topfrand mit Mehlkleister (Mischung aus Mehl und Wasser) bestreichen, damit der aufgesetzte Deckel dicht schließt. Im vorgeheizten Backofen bei 175° C ungefähr 3 Stunden garen.
Dazu reicht man einen grünen Salat, kräftiges, helles Bauernbrot und als Getränk natürlich einen Riesling, möglichst den gleichen, der auch zum Kochen verwendet wurde.

Auf hochdeutsch müßte dieses köstliche Gericht »Bäckerofen« heißen. Es wurde früher tatsächlich zum Bäcker getragen, der den zugekleisterten Topf nach dem Brotbacken in seinem Ofen stundenlang garte. Geringe Hitze und lange Garzeit sind für den *Bäckeoffe* genauso wichtig wie die Zusammenstellung und Güte der Zutaten.
Dieser Eintopf genießt zu beiden Seiten des Oberrheins Heimatrecht, im Elsaß vielleicht noch etwas mehr als in Südbaden. Jede Hausfrau hat für den Bäckeoffe ihre kleinen Rezeptgeheimnisse. Man gibt vielleicht noch etwas Sellerieknolle dazu oder erhöht den Anteil an gelben Rüben, fügt auch eine kleingeschnittene Petersilienwurzel dazu. Gern ist man bei der Zugabe des Knoblauchs etwas großzügiger. Vor allem darf das Schweinefleisch nicht zu mager sein. Auch würde ein zu leichter Riesling seine Wirkung verfehlen. Man wähle deshalb einen, den die badischen Winzer am Abend selbst trinken. Spätlese wäre sicher nicht schlecht.
Früher haben die Hausfrauen diesen Bäckeoffe gern am Waschtag oder während des Großputzes serviert, er hat sie dabei – weil man alles vorbereiten konnte und der Bäcker das Kochen übernahm – von der Küchenarbeit für einen Vormittag befreit. Heute wird der Bäckeoffe in Baden gern als Partyessen serviert. Und das bis hinauf in die vornehmsten Häuser. Dabei spielen die gleichen Gesichtspunkte wie früher zum Waschtag eine Rolle, außerdem ist rustikales Speisen »in«.
Wer Bäckeoffe im kleineren Familienkreis verzehren will, der reduziere nicht die Zutatenmengen, sondern friere lieber den Rest ein und wärme ihn auf. Das bekommt ihm sehr gut.

0,7 L

Waldbauerngeschnetzeltes

500 g Schweineschnitzelfleisch
etwas geriebene Muskatnuß
100 g durchwachsener Räucherspeck
1 kleine Zwiebel
2 EL Butterschmalz
150 g Pfifferlinge
Salz
Pfeffer (Mühle)
1 Schuß Kirschwasser
3/4 Tasse Bratensauce (eventuell Instantprodukt)
1/2 Tasse süße Sahne oder Crème fraîche
2 EL gehackte Petersilie

Das Fleisch in Streifchen schneiden, Muskatnuß darüber reiben und das Gewürz mit dem Fleisch vermengen. Den Speck in feine Streifen schneiden und zusammen mit der kleingeschnittenen Zwiebel in etwas Butterschmalz gut glasig, jedoch nicht braun werden lassen. Die geputzten und grob zerteilten Pfifferlinge während der letzten Minuten zu den Zwiebeln geben. Unter Wenden andünsten. Mit wenig Salz und viel Pfeffer würzen. Beiseite stellen.

Im restlichen Fett die Fleischstreifen kurz, aber kräftig unter dauerndem Wenden anbraten. Kirschwasser zugießen und flambieren. Mit der Bratensauce ablöschen und kurz aufkochen lassen. Einige Löffel Sauce mit der Sahne oder Crème fraîche verrühren und mit dem Fleisch und seiner Sauce vermischen.

Speck, Zwiebeln und Pfifferlinge zufügen. Unter mehrmaligem Umrühren alles zusammen gut heiß werden lassen, nicht mehr kochen.

Mit Petersilie bestreut servieren. Dazu passen Spätzle oder breite Nudeln.

Wenn dieses Rezept auch einen hinterwäldlerischen Namen hat, so ist es doch neueren Datums. Zutaten sind regionale Spezialitäten wie die Pfifferlinge aus den Waldgebieten, das heimische Kirschwasser sowie der Schwarzwälder Speck.

Landestypisch ist auch das Geschnetzelte, vor allem berühmt in seiner Zürcher Version, zu der allerdings Kalbfleisch verwendet wird. Die Verwendung schmaler Fleischstreifchen, also geschnetzelt, ist eine typisch alemannische Kocheigenart.

Zum geschnetzelten Fleisch schmekken auch Kartoffeln gut, die, fein geraffelt und in der Pfanne gebacken, zu Rösti werden. Im Badischen sind sie weniger gebräuchlich, dafür um so mehr bei den alemannischen Vettern jenseits des Rheins in der Schweiz.

Zu diesem Waldbauerngeschnetzelten würde man in Baden neben Nudeln, Spätzle oder den etwas festeren Knöpfle bestimmt auch einen grünen Salat essen.

So verwunderlich es klingen mag, grüner Salat ist auch so etwas wie eine Spezialität des deutschen Südwestens.

»In Niedersachsen essen die wenigsten Menschen eigentlich Salat, und sagen, wenn sie einen Obersachsen mit Appetit Salat verzehren sehen: ›Sehet nur wie er graset!‹« So wurde 1773 in einem *Frauenzimmer Lexicon* geschrieben. Mit Obersachsen waren die Süddeutschen gemeint.

Besonders aber im Südwesten war damals das Salatessen längst Alltagsgenuß. So verwundert es nicht, wenn man in Baden den grünen Salat besser anmacht als vielerorts sonst. Man spart nämlich niemals mit dem Öl. Das Verhältnis drei Teile Öl auf einen Teil Essig ist die Mindestforderung, eher nimmt man sogar noch etwas mehr Öl, als daß man sich mit einer standardisierten Marinadenmixtur zufriedengibt, die Öl und Essig zu gleichen Teilen verwendet.

Markgräfler Kraut mit Schäufele

2 EL Schweine- oder Gänseschmalz
3 Zwiebeln
1 1/4 kg Schäufele mit Knochen
2 Glas Weißwein
750 g Sauerkraut
5 Wacholderbeeren
2 Lorbeerblätter
2 Pimentkörner
2 große Äpfel
Salz
weißer Pfeffer
Zucker

Schmalz in einem Topf erhitzen. Darin die geschälten und grob zerschnittenen Zwiebeln glasig dünsten.
Die Schäufele auflegen und den Weißwein zugießen. Zudecken und alles ungefähr 1/2 Stunde bei kleiner Hitze köcheln lassen. Dabei das Schäufele einmal wenden.
Danach das locker gezupfte Sauerkraut zufügen und mit den zerdrückten Wacholderbeeren, Lorbeerblättern und Pimentkörnern würzen. Die ungeschälten, halbierten und entkernten Äpfel beigeben.
Alles zusammen 1 knappe Stunde garen.
Schäufele nach der Hälfte der Garzeit herausnehmen, in Scheiben teilen und wieder zugeben. Sollte trotz des zugedeckten Garens alle Flüssigkeit verdampft sein, so gießt man noch etwas Wein oder Wasser nach. Es soll am Schluß jedoch nur noch wenig Brühe im Topf sein. Vor dem Servieren schmeckt man noch mit Salz, wenig weißem Pfeffer und einer Spur Zucker ab.

Sauerkraut ist gewiß eine gesamtdeutsche Spezialität. Und doch hat es in Baden einen besonders hohen Stellenwert. Dabei gilt der Grundsatz, daß Sauerkraut mit Wein gegart werden muß, auch dann, wenn man Konservenkraut verwendet, das schon bei der Säuerung mit Wein versetzt wurde und sich deshalb stolz »Weinkraut« nennt.
Früher einmal gab es für Sauerkraut die Saison vom Herbst bis zum Beginn des nächsten Jahres. Dann war es noch frisch – und wurde meist selbst eingeschnitten. Eine weitere badische Besonderheit ist noch heute diese Zubereitungsart: Das Kraut soll keine musige Konsistenz, sondern noch etwas Biß haben. Man fügt deshalb fünf Minuten vor dem Ende der Garzeit etwas rohes Sauerkraut zu. Obwohl die Witwe Bolte, die für Sauerkohl »besonders schwärmt, wenn er wieder aufgewärmt«, keine Badenerin gewesen ist, liebt man auch hier aufgewärmte Krautreste.
Die Schäufele, zarte Stücke von der Schweineschulter, haben kaum Fett und werden nur zu verführerischem Goldton geräuchert. Bei klassischer Markgräfler Zubereitung sind sie die einzige Beilage neben den Äpfeln. Die üppigen Sauerkrautplatten, belegt mit Schweinebauch, roten, weißen und schwarzen Würsten sowie Leberklößle und Siedfleisch sind elsässische oder schweizerische (Berner Platte) Spezialitäten, die badische Wirte zuweilen importieren.

Roastbeef in Salzkruste

(6 Personen)

1 1/2 kg Roastbeef
Pfeffer (Mühle)
edelsüßes Paprikapulver
2 EL geriebene Zwiebel
2 zerriebene Lorbeerblätter
6 Eiweiß
2 1/2 kg Speisesalz

Das Roastbeef waschen und gut trocknen. Pfeffer, Paprikapulver, Zwiebel und Lorbeerblätter zu einer Paste vermischen und damit das Fleisch auf allen Seiten bestreichen. Mindestens 1 Stunde so ruhen lassen. Eiweiß leicht anschlagen und dann mit Salz vermischen. Den Salzbrei zunächst 1 mm stark auf das Roastbeef streichen, dann nach und nach mit dem Rest einhüllen.
Den Salzmantel ringsum festdrücken. Am besten geschieht das gleich auf dem Geschirr (feuerfeste Platte oder tiefes Backblech), das zum Garen in den Ofen geschoben wird. Roastbeef im Salzmantel wird bei 225° C gut 1 Stunde gebacken.
Die Salzkruste muß steinhart werden. Da beim Roastbeef der Gargrad so wichtig für den Wohlgeschmack ist, benutzt man am besten ein Fleischthermometer, das durch den Salzmantel geschoben wird.
Die Kerntemperaturen sind auf den Thermometern für die verschiedenen Fleischsorten angegeben. Hat ein Roastbeef eine Kerntemperatur von 70–75° C, so ist es schön rosa.
Vor dem Servieren – in der Küche oder bei Tisch – muß die Salzkruste aufgeschlagen werden. Hervor kommt ein herrlich saftiges Roastbeef, zu dem Kroketten und Broccoli hervorragend passen.

Mit dem Roastbeef tut sich jeder schwer, der versucht, es den badischen Spezialitäten zuzuordnen. Mit der Zubereitung in Salzkruste ist das einfacher, denn sie dürfte in der bürgerlichen Küche anderer Landschaften sicher weniger verbreitet sein als in Baden. Vielleicht weil man am oberen Rhein schon immer etwas aufgeschlossener für Neuerungen kulinarischer Art war und ist.

Es gehört ja schon einiger Wagemut dazu, ein edles und teures Fleischstück pfundweise mit Salz zu umgeben. Jeder Küchenanfänger lernt schließlich, daß man Steaks nicht vor dem Braten salzt, weil Salz dem Fleisch zuviel Feuchtigkeit entzieht. Der Salzmantel allerdings enthält selbst Feuchtigkeit, und bis diese verdunstet ist, hat sich um das Fleisch bereits eine Bratkruste gebildet.

Roastbeef wird in der überlieferten, bodenständigen Kochkunst wenig angetroffen. Dies gilt sogar für das Rindfleisch im allgemeinen. Es gab schließlich bis in unser Jahrhundert hinein nur sehr begrenzte Kühlmöglichkeiten. Für die Hausschlachtung kamen Rinder kaum in Frage, sie waren zu groß. Metzgereien hatten nur in städtischen Gemeinwesen eine Existenzgrundlage. So verwundert es nicht, wenn in alten Rezepten die *Brotis* (alemannisch für Braten) vorwiegend vom Schwein, Kalb oder Schaf stammten. Selbst Wildbret scheint verbreiteter gewesen zu sein als Rindfleisch.

Briesle in Weißwein

2 Kalbsbriesle
Salz
6 Pfefferkörner
1 Bund Suppengrün
1 Zweiglein Thymian
2 EL Butter
1 EL Mehl
1 Tasse Fleischbrühe
1/4 l Weißwein
1 Tasse Crème fraîche
1 EL Zitronensaft
4–6 Champignons
2 Bündel Petersilie
Ausbackfett

Briesle 2 Stunden kalt wässern, herausnehmen und mit kochendem Wasser übergießen, damit Blut und Sehnen sich leichter entfernen lassen. Gereinigte Briesle dann in leichtem Salzwasser mit zerdrücktem Pfeffer und kleingeschnittenem Suppengrün sowie Thymian 10 Minuten ziehen, nicht kochen lassen. Herausnehmen, kalt überbrausen und dann die Häutchen abziehen. Zwischen zwei Brettchen legen und beschwert erkalten lassen. Briesle in nicht zu dünne Scheiben schneiden.
Butter erhitzen, Mehl darin hell schwitzen und mit Brühe und Weißwein ablöschen. Eventuell einige Eßlöffel des Brieslesuds zufügen, um eine glatte Sauce zu erzielen. Crème fraîche einrühren. Abschmecken mit Salz und Zitronensaft. Die Brieslescheiben und die in Scheiben geschnittenen Champignonköpfe zufügen. Alles zusammen noch gut 10 Minuten sacht köcheln lassen.
Petersilie waschen, gut abtrocknen und im siedenden Fett (175° C) kroß ausbacken. Damit die Briesleportionen garnieren. Oder nur etwas gehackte Petersilie darüber streuen.
Feine Nudeln und einen kühlen badischen Weißburgunder dazu reichen.

Beim Briesle handelt es sich um die Thymusdrüse, eine Wachstumsdrüse, die sich später stark zurückbildet. Meistens wird sie vom Kalb angeboten. Sehr fein sind auch Lammbriesle, kleiner und billiger als Kalbsbries.
Ein Kalbsbriesle wiegt gut ein halbes Pfund. Je frischer es ist, um so besser läßt es sich verarbeiten. Es ähnelt in Aussehen und Struktur dem Hirn, ist jedoch fester. In Baden ist Briesle eine äußerst geschätzte Spezialität, man zieht es dem Hirn vor. Es hat allerdings einen großen Nachteil, besonders in Baden: Es ist knapp. Man muß seinen Metzger schon gut kennen und sollte möglichst vorher bestellen, wenn man es kaufen will. Der Preis ist auch nicht ganz niedrig. Der Wohlgeschmack lohnt jedoch alle Mühen und Kosten.
Man redet sehr häufig vom »Spätzle-Schwob«. Wäre das Kalbsbries nicht so rar, könnte man, vor allem am Oberrhein, mit Fug und Recht vom »Briesle-Badner« sprechen.
Für alle Nicht-Badener sei vermerkt, daß Briesle anderswo auch Kalbsmilch heißen oder Milchner, auch Bröschen oder – in der Schweiz – Milken. Auf internationalen Speisekarten findet man sie auch unter ihrem französischen Namen *Ris de veau.*
Andere im Badischen beliebte Zubereitungsarten sind Briesle, in Butter gebraten, natur, paniert oder zu einem delikaten Pudding verarbeitet, der dann warm und in Scheiben geschnitten serviert wird. Auch Brieslesuppe findet man zuweilen.
Nimmt man für die Zubereitung des nebenstehenden Rezeptes als Wein einen Traminer oder gar einen Gewürztraminer, so erzielt man damit einen besonders feinen Geschmack.

Narrenschmarren

150 g durchwachsener Räucherspeck
1 große Zwiebel
2 EL Butterfett
350 g Rinderhack
Salz, schwarzer Pfeffer (Mühle)
Cayennepfeffer
2 EL Rosinen
12 gefüllte grüne Oliven

Für den Pfannkuchenteig:
170 g Mehl
knapp 1/2 l Milch
4 Eier, getrennt
1 Prise Salz
1 kleine Prise Zucker
4 EL Butterfett

Speck in kleine Streifen schneiden und zusammen mit der kleingeschnittenen Zwiebel im Butterfett anbraten. Die Zwiebeln dürfen dabei höchstens hellbraun werden. Hackfleisch zugeben. Anbraten, bis es bräunlich und krümelig ist. Kräftig würzen mit Salz und Pfeffer, Cayennepfeffer vorsichtig und nach Geschmack hinzufügen. Ganz zum Schluß die Rosinen und die halbierten Oliven unter das Hackfleisch mischen. Warm halten.
Aus Mehl, Milch und Eigelb einen Pfannkuchenteig rühren, der mit wenig Salz und einer Spur Zucker abgeschmeckt wird.
Etwa 1 Stunde im Kühlschrank ruhen lassen, dann durchrühren und jetzt erst das steifgeschlagene Eiweiß unterheben. In reichlich Butterfett 2 dicke Pfannkuchen backen, wenden und nach kurzer Zeit mit 2 Gabeln in mundgerechte Stücke reißen, kurz weiterbraten, bis sie goldgelb sind.
Hitze reduzieren und Hackmasse dazu mischen. Beides zusammen noch einmal gut heiß werden lassen.

Narrenschmarren ist eine neue Kreation. In Ettlingen ist sie jedoch ganz schnell schon zur Tradition geworden. In vielen Familien ißt man ihn, am Aschermittwoch wird er in fast allen Gaststätten serviert. Zum Festmahl gar wird er am 11. 11., wenn die Ettlinger Narrengilde ihren Narrenbrunnenpreis verleiht. Dabei trifft man sich mit vielen Gästen, worunter sich fast immer mindestens ein Minister befindet, und der deutschen Narrenprominenz.
Im weithin berühmten Restaurant gegenüber dem Schloß wird zur Einstimmung auf den Galaabend Narrenschmarren serviert. Dazu reichlich grüner Salat, aber kein anderes Gericht. Es soll schon Gäste gegeben haben, die vom Narrenschmarren vier große Portionen verspeisten. Und das nicht nur aus Jux und Dollerei.
Wie kam es zu dem Narrenschmarren? In Ettlingen, das lange Residenzstadt war, gab es im 16. Jahrhundert einen Hofnarren namens Hans von Singen. Von ihm wird berichtet, daß er unter der Narrenkappe ohne Scheu manche Weisheit verkündete, die den Markgrafen, seinen Hofstaat und die Bürger in Erstaunen versetzte. Kurz und gut, es wurde ihm ein Denkmal errichtet, ein Narrenbrunnen, auf dem er in Stein gehauen thront. Direkt gegenüber dem Schloß. Und dann entstand auch eine Narrengilde, und diese ehrenwerten Bürger schufen 1963 einen Narrenbrunnenpreis, der stets einer Persönlichkeit von besonderem Rang verliehen wird. Schließlich hatten die Ettlinger die Idee, zum Narrenbrunnen auch noch ein spezielles Narrenessen zu schaffen. Sie baten den Autor dieses Buches, der in der Nähe, in Baden-Baden, lebte, um Hilfe. Dieser war als Feinschmecker bekannt und hatte sich auch närrische Lorbeeren verdient, da er jahrzehntelang die Fernsehsendung »Mainz – wie es singt und lacht« leitete. Ja, und so entstand mit einigem Nachdenken, viel Probieren und noch mehr Wein eine kulinarische Tradition, der Narrenschmarren.

Rieslinghähnchen

1 fleischiges Hähnchen
2 EL Mehl
80 g Butter
2 kleingeschnittene Schalotten
Salz
weißer Pfeffer
4 cl Weinbrand
gut 1/4 l Riesling
150 g Champignons
12 kleine Zwiebeln
1/8 l Crème double oder süße Sahne

Hähnchen in 4–6 Teile zerlegen, waschen und gut abtrocknen. In Mehl wenden, kräftig abklopfen. In einem Topf 50 g Butter schmelzen und darin bei nicht zu großer Hitze die Hähnchenstücke angehen lassen, sie sollen dabei kaum Farbe nehmen. Nach ungefähr 5 Minuten die Schalotten zugeben und weitere 3 oder 4 Minuten unter gelegentlichem Rühren andünsten. Mit Salz und Pfeffer würzen. Weinbrand zugießen und flambieren. Dann Riesling zugeben, den Topf schließen und alles ungefähr 1/2 Stunde garen. Dabei den Topf einige Male kurz, aber kräftig hin und her schütteln. Gegarte Fleischstücke herausnehmen und auf einer Platte warm halten. Sauce etwas einkochen, Sahne einrühren und abschmecken.
Inzwischen die möglichst kleinen Champignonköpfe zusammen mit den geschälten Zwiebeln in der restlichen Butter dünsten, dabei zuweilen durchrühren und mit Salz und weißem Pfeffer würzen. Pilze und Zwiebelchen auf einer Platte rings um die Hähnchenstücke legen und alles mit der Sauce übergießen.
Das Erscheinungsbild kann man noch verbessern, wenn man Dreiecke aus in Butter geröstetem Weißbrot an den Rand der Platte legt oder steckt. Zum Rieslinghähnchen reicht man Nudeln.

Hähnchen, Hühnchen und Poularden sind überall in Europa aus den Höhen der Tafelkultur in die Alltäglichkeit der bürgerlichen Küche herabgestiegen, sogar in den kulinarischen Niederungen des *fast food* sind sie mittlerweile allgegenwärtig. Die bedauernswerte Degeneration der Hühnergerichte ist nicht allein durch die lieblose Zubereitung in Imbißhallen und Schnellgaststätten bedingt. Die Wurzeln liegen tiefer. Das liebe Federvieh wird nicht mehr aufgezogen, sondern fabriziert. Die Preise sind dadurch zwar erschwinglich geworden, der Wohlgeschmack blieb aber auf der Strecke. Noch um die Jahrhundertwende boten gute Restaurants ihre Hühnergerichte sehr viel teurer an als etwa Lachsschnitten. Heute ist Geflügel zum billigsten Fleisch geworden und kommt meistens aus der Tiefkühltruhe.
Alle Achtung vor den Franzosen. Dort steht das *Poulet de Bresse* (Huhn aus der Landschaft Bresse bei Lyon) noch immer in höchstem Ansehen. Es genießt sogar amtlichen Markenschutz, der dem edelster Weine nicht nachsteht. Alter, Fütterung und Auslauf bei der Aufzucht sind genau vorgeschrieben. Kontrollbeamte und eine Gütemarke garantieren die Qualität, die natürlich ihren Preis hat. Der wird jedoch von Feinschmeckern in der ganzen Welt gern bezahlt.
Die Badener kaufen sich dieses Edelgeflügel häufig im Elsaß. Auch einheimische Delikateßläden führen es. Darüber hinaus gibt es jedoch auch eine badische Hähnchenspezialität mit eigenem Namen: *Mistkratzerle*. Diese müssen freilaufend auf dem Bauernhof aufgewachsen sein und sich mit einer Mischung aus Körnern und Grünfutter ernährt haben. Im Frühling beginnt ihre kulinarische Saison. Wer sein Rieslinghähnchen mit einem Mistkratzerle zubereitet, genießt die badische Kochkunst in vollen Zügen.
Zum Rieslinghähnchen trinkt man natürlich auch einen Riesling. Wie wäre es mit einem *Stich den Buben* aus Umweg bei Baden-Baden?

BADEN

Gefüllte Schweinelende

2 Schweinelenden
mittelscharfer Senf
Rosenpaprika
Salz
400 g gekochte Kastanien
6 Äpfel
2 EL Butter
1 Prise Rosmarin
1 Schweinenetz
2 EL Schweineschmalz
1 gewürfelte Zwiebel
1 gewürfelte gelbe Rübe
1 Glas Weißwein
1 Gläschen Kirschwasser
1 TL Stärkemehl

Die Schweinelenden der Länge nach einschneiden. Innen mit Senf, wenig Rosenpaprika und Salz einreiben.
Die gekochten Kastanien grob zerhacken. 2 Äpfel schälen, entkernen, vierteln und in dünne Scheiben schneiden. Diese in der Butter bei großer Hitze kräftig anbraten und zusammen mit Rosmarin und wenig Salz mit den Kastanien vermischen. 4 Eßlöffel der Füllung beiseite stellen, den Rest auf die Filets verteilen, diese zusammenklappen, salzen und mit Schweinenetz umwickeln. In Schmalz zusammen mit Zwiebel und gelber Rübe anbraten. Wein angießen und im Ofen bei 200° C knapp 1 Stunde garen. Dabei öfters übergießen. Während der letzten 1/2 Stunde die übrigen 4 halbierten Äpfel mitbraten, die man mit dem Rest der Kastanienmischung, die mit Kirschwasser aromatisiert wurde, gefüllt hat. Es ist vorteilhaft, wenn das Bratgefäß so groß ist, daß die Äpfel noch neben die Lenden passen. Sonst beides extra braten.
Vor dem Anrichten wird die Sauce mit Stärkemehl gebunden, das in wenig kaltem Wein angerührt wurde.

In diesem Rezept wird Schweinenetz empfohlen. Früher hat man es in der guten bürgerlichen Küche häufig benutzt. Leider ist es weitgehend in Vergessenheit geraten. Der Metzger besorgt Ihnen jedoch gern ein Schweinenetz, wenn Sie es einige Tage vorher bestellen. Es hält sich, gut gewaschen und in leicht gesalzenes Wasser eingelegt, im Kühlschrank mehrere Wochen. Das Netz des Schweines ist ideal zum Einhüllen von Fleischstücken aller Art, auch von Geflügel oder für Kohlrouladen. Es ist hauchdünn, jedoch erstaunlich widerstandsfähig. Man kann es nicht nur mitbraten, sondern auch mitessen. Es hat keinen Eigengeschmack. Dafür hält es das Fleisch, das es umhüllt, um so saftiger. Schweinenetz könnte zu einer nützlichen Wiederentdeckung werden. Ein Versuch lohnt sich bestimmt.

Und noch eine kurze Erklärung zum Aufschneiden des Schweinefilets. Es genügt, wenn man es – wie im Rezept beschrieben – einmal einschneidet, füllt und wieder zuklappt. Sehr viel besser wird es jedoch, wenn man eine kunstvollere Schnittführung versucht. Dazu braucht man ein großes, sehr scharfes Messer und ein Brett. Man legt das Filet so, daß es im rechten Winkel vom Körper des Schneidenden wegzeigt. Dann schneidet man es in der Längsrichtung ein, setzt den Schnitt jedoch nicht in der Mitte, sondern im unteren Drittel an. Die doppelt so dicke Oberseite klappt man dann auf wie die Seite eines Buches. Der nächste Schnitt wird in derselben Richtung wie der erste angesetzt, jedoch beginnt man ihn in der Mitte des aufgeklappten dickeren Filets. Alle längs geschnittenen Teile sind nun gleich dick. Aus dem Filet mit rundem Querschnitt ist eine Platte geworden. Diese bestreicht man mit Füllung und rollt sie in die ursprüngliche Richtung zurück. Dann ins Netz einschlagen oder mit ungeleimtem Faden zubinden. Es ist somit eine richtige Roulade entstanden.

Kalbfleischröllchen

8 kleine Kalbsschnitzel
2 Kalbsleberscheiben
Butterschmalz
4 frische Champignons
200 g feine, ungebrühte Kalbsbratwurst
Salz
weißer Pfeffer (Mühle)
frische Salbeiblätter
1/4 l trockener Weißwein
2 Tassen Champignonscheiben
200 g Crème fraîche

Fleisch von Häuten und Sehnen befreien und zwischen Pergamentpapier etwas breiter klopfen.
Leber abtupfen und ganz kurz auf beiden Seiten in Butterschmalz anbraten, warm stellen. Im gleichen Fett anschließend die in Scheiben geschnittenen Champignons andünsten. Leber und Pilze in Würfelchen schneiden und mit dem Brät der Bratwürste vermischen. Bratfett mit 2 EL Wasser loskochen und ebenfalls zufügen. Mit Salz und weißem Pfeffer abschmecken.
Die Fülle wird auf die Schnitzelscheiben verteilt, nachdem man jede einzelne mit 2–3 Salbeiblättern belegt hat. Fleischscheiben aufrollen, dabei die Seiten einschlagen und mit ungeleimtem Faden zubinden.
Die kleinen Rouladen in einem Topf in Butterschmalz anbraten. Dabei mit Salz und weißem Pfeffer würzen. Weißwein zufügen, Bratenfond losrühren und das Ganze zugedeckt etwa 20 Minuten schmoren. Dann die Champignonscheiben zugeben, durchrühren, etwas salzen und pfeffern und weitere 10 Minuten schmoren.
Zum Schluß mit Crème fraîche abrunden.
Als Beilage empfehlen wir breite Nudeln.

Dieses Rezept stammt zweifelsohne aus der vornehmen Landesküche. Auch die gab und gibt es in Baden. Wahrscheinlich war sie sogar schon früher ausgeprägt als in anderen deutschen Landen.
Zwei badische Fürstinnen haben sich in der Kochkunst verewigt. Eine von ihnen hieß Stephanie de Beauharnais und war Adoptivtochter Napoleons. Als sie den Thronfolger von Baden heiratete, machte der Kaiser dessen Vater zum Großherzog und erweiterte seinen Herrschaftsbereich. Vor allem die vorderösterreichischen Gebiete fielen ihm zu. Stephanie, die zunächst in Karlsruhe lebte und später in Mannheim, hat ihren Namen einer Reihe von Gerichten geliehen. Ob man sie darum gefragt hat oder den Namen einfach nahm, weil er so gut klingt, sei dahingestellt.
Nachweislich großes Interesse an der Kochkunst hatte vor ihr schon die Markgräfin Sibylla Augusta, die Gattin des einzigen echten Kriegshelden auf dem badischen Thron, der den Beinamen *Türkenlouis* führte. Nach seinem Tod übernahm Markgräfin Sibylla die Regentschaft. An sie erinnern das Ettlinger Schloß und das Lustschloß Favorite bei Rastatt. Dort ist die Küche und ihre Einrichtung vollständig erhalten geblieben. Auf einem plastisch gestalteten Wandbild werden alle erdenklichen Schlemmereien dargestellt. Es war eine Art Menütafel der Markgräfin: sie deutete einfach auf die Speisen, die sie wünschte, um so den Koch zu instruieren und selbst schon Vorfreude zu genießen. Es ist nicht anzunehmen, daß dieses System erfunden wurde, weil etwa der Küchenchef Analphabet war. Immerhin machte ihn die Markgräfin später zum Bürgermeister von Ettlingen auf Lebenszeit.
Eine ganz besondere Hinterlassenschaft ist das Kochbuch der Markgräfin Sibylla. Es enthält etwa 60 handgeschriebene Rezepte aus Baden und ihrer böhmischen Heimat, außerdem kosmetische Anweisungen, Heilmittel und kunstgewerbliche Hinweise. Das Buch ist im Privatbesitz der Markgrafen von Baden. Zuweilen darf ein angesehener badischer Küchenchef einen Blick hineinwerfen und eines der Rezepte zu besonderen Anlässen nachkochen.

Hasenpfeffer

1 Hase, gehäutet
1 l Rotwein
1 Zwiebel
1 Knoblauchzehe
1 kräftige Prise Thymian
6 Pimentkörner
2 Lorbeerblätter
6 zerdrückte Wacholderbeeren
3–4 EL Butterschmalz
2 EL Mehl
200 g gesalzener, durchwachsener Speck
8 Zwiebelchen
8 kleine Champignons
Salz, Pfeffer
Blut und Leber des Hasen, ersatzweise frische Blutwurst (ungebrüht)

Den Hasen in 8 Stücke zerteilen. Rotwein, grob zerteilte Zwiebel, Knoblauch, Thymian, Piment, Lorbeer und Wacholderbeeren über die Fleischstücke geben und mindestens 24 Stunden marinieren. Anschließend trockentupfen. Die Hasenteile in einem Topf in 2 EL Butterschmalz anbraten. Mit Mehl bestäuben und dieses Farbe annehmen lassen. Durch ein Haarsieb die Marinade zugießen und bei kleiner Hitze gut 1 Stunde köcheln lassen, dabei die Sauce zur Hälfte einkochen.
In einer Pfanne den in kleine Streifen geschnittenen Speck anbraten und beiseite stellen. Zwiebelchen und Champignons im gleichen Fett sowie dem restlichen Butterschmalz angehen lassen. Salzen und pfeffern. Gegen Ende der Garzeit des Hasen das Blut mit der Leber pürieren (oder die Blutwurst aus der Haut drücken) und in die Sauce rühren. Kurz aufkochen lassen. Schließlich Speckstreifen, Zwiebeln und Champignons zugeben und weitere 5 Minuten köcheln lassen.

In Baden findet man überall Wildspezialitäten. Viele Gasthäuser haben dafür eine Sonderkarte. Das beruht weniger auf kulinarischer Vorliebe als vielmehr auf der Tatsache, daß Baden weitgehend ländlich strukturiert ist. Zudem hat sich in verschiedenen Landstrichen Badens schon früh ein vorbildliches Jagdwesen entwickelt. Bis in die Neuzeit gehörte die Jagd zu den Vorrechten des Adels, der Landesherren. Aber schon 1777 gab Fürst Wenzel von Fürstenberg in seinem Herrschaftsbereich »die niedere Jagd im Feld jedem Bauern und Burger« frei. Nur die Hochjagd durch die Landesbewohner unterlag gewissen Einschränkungen, die sich jedoch in erster Linie auf die waidgerechte Jagdausübung bezogen. Und was den Wein betraf, der bei vielen Wildgerichten verwendet wurde, so war er bis in die Schwarzwaldtäler hinein eigenes Gewächs. Heinrich Hansjakob schreibt beispielsweise in seinem Buch *Meine Madonna*: »Jeder bessere Bürger in Hasle (Haslach im Kinzigtal) hatte ein eigenes Stück Reben. Wer nun seinen Wein nicht gern allein trank, der durfte ihn gegen Erlegung des Maßpfennigs vergässeln, d.h. über die Gasse verkaufen und in seiner Stube ausschenken.« Und weiter dann, was für die Lebensart der Badener aufschlußreich ist: »Darum, wenn's einen guten Herbst gegeben, war Hasle nur ein einziges Wirtshaus. Zudem waren Trinken und Spielen Lieblingsbeschäftigungen der Burger und Bauern des 18. Jahrhunderts.«
Das gute und reichliche Essen war für den dichtenden Pfarrer so selbstverständlich, daß er es gar nicht eigens erwähnte.

Winzertorte

250 g durchwachsenes Schweinefleisch
350 g mageres Kalbfleisch
2 EL gehackte Petersilie
1 EL geschnittenes Basilikum
2 kleingeschnittene Schalotten
1/2 Tasse kleingeschnittene Frühlingszwiebeln
1/8 l Weißwein
1 Paket TK-Blätterteig (300 g)
Salz
Pfeffer (Mühle)
1/8 l Sahne
2 Eigelb

1 Eigelb zum Bestreichen

Schweinefleisch durch den Fleischwolf drehen, Kalbfleisch in Würfelchen schneiden. Beides zusammen mit Petersilie, Basilikum, Schalotten und Frühlingszwiebeln vermengen. Wein einarbeiten. Über Nacht ruhen lassen.
Blätterteig in eine größere und eine kleinere Platte auswellen. Eine flache, runde, feuerfeste Quicheform kalt ausspülen und mit dem größeren Blätterteigstück auslegen, das an den Rändern etwas überhängt.
Fleischteig kräftig mit Salz und Pfeffer aus der Mühle würzen, einfüllen, glattstreichen. Zweite Teigplatte nur lose auflegen und mit den eingeklappten Überhängen des Teigbodens fest zusammendrücken. Aus Teigresten Blätter zum Verzieren ausschneiden und Luftlöcher einschneiden.
Im vorgeheizten Ofen bei 220° C etwa 15 Minuten backen. Herausnehmen, durch die Luftlöcher die mit der Sahne verrührten Eigelbe einfüllen, Torte dabei ruckartig hin- und herbewegen, damit sich die Eimasse besser verteilt. 30 bis 40 Minuten weiterbacken. Eine Viertelstunde vor Ende der Garzeit mit dem Eigelb, das mit wenig Wasser verrührt wurde, bestreichen und goldbraun überbacken.

Winzertorten werden in Baden natürlich nicht nur von Winzern gern gegessen. Der Name leitet sich einfach aus der Tatsache ab, daß Wein zur Herstellung verwendet wird.
Pikante Torten mit Mürbeteig oder Blätterteig sind im Oberrheintal weit verbreitet. Wahrscheinlich hat man diese Zubereitungsart vom westlichen Nachbarn im Elsaß und in Lothringen übernommen. Dort gibt es zahlreiche Kreationen, deren berühmteste die *Quiche lorraine* ist, die Lothringertorte.
Wer die Zubereitung der Winzertorte noch verfeinern will, der kann etwas kleingewürfelte Pökelzunge unter das Fleisch mischen. Es schmeckt ausgezeichnet, wenn man dem Fleischteig Pinienkerne, frisch oder leicht angeröstet, hinzufügt. Selbst die Zugabe von Rosinen ist möglich, sie schafft einen besonders raffinierten Geschmack.
Heute serviert man in städtischen Familien solche rustikalen Torten gern als Imbiß zum Wein. Das schmeckt gut und hat außerdem den Vorteil, daß man das Ganze am Tage vorher schon vorbereiten kann. Ja, man kann sie sogar einfrieren. Das Aufbacken im Backofen oder im Mikrowellengerät ist problemlos. Zusammen mit einem grünen Salat ist unsere Winzertorte eine sehr schmackhafte Mahlzeit.
Es mag Auswärtige überraschen, daß man in Baden und jenseits des Rheins im Elsaß zum Wein auch gern einen Gugelhupf serviert. Kuchen zu Wein? Paßt das denn? Es ist tatsächlich gegen alle Regeln, doch es schmeckt. Allerdings sollte es ein Gugelhupf alemannischer Art sein, der aus einem ganz leichten, großporigen Teig besteht, in dem nur ganz wenige Rosinen stecken und der mit einem Minimum an Zukker gemacht wurde. Wer einen badischen Weinabend plant, dem sei das Backen eines solchen Gugelhupfes wärmstens empfohlen.

Falscher Aal

1 kg mageres Schweinefleisch oder -filet
Saft von 2–3 Zitronen
Salz
2 EL Mehl
weißer Pfeffer (Mühle)
reichlich Salbeiblätter
Butterschmalz
1 Tasse kräftige Fleischbrühe
1/8 l herber Weißwein
1 Tasse Crème fraîche

Das Schweinefleisch von Hautteilen und Sehnen befreien und in dünne Scheiben schneiden, die man zu Rouladen von etwa 5 cm Dicke zusammenrollen kann. Wer die Mehrkosten nicht scheut, der nimmt Schweinefilet, das von der Natur schon in der gewünschten Form geliefert wird.
Auf jeden Fall muß das Fleisch für mindestens 6 Stunden, besser noch über Nacht, in Zitronensaft eingelegt werden. Dabei mehrmals wenden. Dann leicht abtrocknen und zum Braten wie folgt vorbereiten: Salz mit Mehl vermischen und das Fleisch darin wenden. Pfeffern und reichlich mit Salbeiblättern belegen, die man mit Baumwollgarn (ungeleimtem Faden) festbindet. Fleischrollen im Fett kräftig anbraten, mit Brühe ablöschen, Bratensatz lösen, nach und nach Wein und Crème fraîche einrühren. Etwa 1 Stunde im offenen Topf garen. Die Sauce soll dabei etwas einkochen.
Als Beilage empfehlen wir Maisküchle (Seite 144).

Das Rezept für den falschen Aal fanden wir in einem handgeschriebenen Kochbuch der Haushaltungsschule des badischen Frauenvereins. Die Schreiberin stammte aus dem Wiesental und wirkte in Karlsruhe. Diese beiden Lebensumstände verbanden sie mit einem Mann, der als Musterbadener gelten muß: Johann Peter Hebel, geboren 1760, wirkte als Gymnasiallehrer und evangelischer Kirchenmann und starb 1826 als Prälat in Schwetzingen.
Aber er lebt weiter als Kalendermann und im *Rheinländischen Hausfreund* als Dichter seiner badischen Heimat, deren alemannische Sprache er zu Kleinoden der Poesie geformt hat.
Sein Zeitgenosse Goethe schrieb über die alemannischen Gedichte seines Kollegen: »Der Verfasser ist im Begriff, sich einen eigenen Platz auf dem deutschen Parnaß zu erwerben … beobachtet er mit frischem, frohem Blick die Gegenstände der Natur.«
Und wie Hebel zu den kulinarischen Freuden des Lebens und seiner Heimat stand, geht aus dem Nachruf auf einen lieben Freund hervor: »Er verzehrte eine Gansleberpastete zu viel Burgunder mit der nemlichen Innigkeit und Liebe und Wahrheit, mit der er auf das selige Reich Gottes wartete.«
Erinnern wir uns auch an eines seiner seltenen hochdeutschen Gedichte, das da beginnt:
»Jetzt schwingen wir den Hut./Der Wein, der war so gut …/Und wer sein Gläslein trinkt,/ein lustig Liedlein singt/im Frieden und mit Sittsamkeit/und geht nach Haus zur rechten Zeit/der Gast darf wiederkehren, mit Ehren.«
Wer Baden wirklich kennenlernen will, der muß Hebel lesen.

Aschermittwoch-Stockfisch

1 kg gewässerter Stockfisch
3 EL Butter
4–5 kleingeschnittene Schalotten
4 EL gehackte Petersilie
3 EL Mehl
1/4 l Kalbs- oder Hühnerbrühe
1/4 l süße Sahne
Salz
weißer Pfeffer
Ingwerpulver
Muskatblüte

Stockfisch, den man heute schon gewässert kaufen kann, in eine weiße Serviette binden und in reichlich Wasser knapp zum Kochen kommen und dann etwa 15 Minuten lang ziehen, aber nicht kochen lassen. Herausnehmen. Der Fisch muß sich, wenn er gar ist, in dicke Schuppen teilen lassen. Alle eventuell verbliebenen Gräten sorgfältig entfernen.

In einem Topf die Butter zerlassen, Schalotten darin gut glasig werden lassen, Petersilie zufügen und nach etwa 2 Minuten mit dem Mehl zu einer hellen Einbrenne verrühren. Brühe und Sahne zugießen. Mit ganz wenig Salz, kräftigem Pfeffer und nach Geschmack mit Ingwer und Muskatblüte würzen. Unter gelegentlichem Rühren 15 Minuten sachte köcheln lassen, dann Stockfischstücke einlegen und einige Minuten ziehen lassen.

Beim Servieren kann man noch ein wenig Butter über dem Stockfisch zerlaufen lassen und etwas gehackte Petersilie darüber streuen.

Als einzige Beilage Salzkartoffeln reichen, die gut abgedampft sein sollten.

Bis vor einigen Jahrzehnten gab es noch keine Kühltransporter, die frischen Seefisch ins Binnenland brachten. Damals herrschten überall Salzheringe und Stockfisch vor, denn die waren haltbar – und billig. Inzwischen ist man auf beide nicht mehr angewiesen – und sie sind, preislich gesehen, zu Delikatessen geworden.
Stockfisch ist es auch geschmacklich. Wahrscheinlich wird es nicht mehr lange dauern, und ein Drei-Sterne-Koch entdeckt ihn. Danach wird er schnell in allen Gourmettempeln zu sündhaft hohen Preisen auftauchen.
In Baden genießt der Stockfisch auch heute noch Hausrecht in Familien und in ländlichen Gasthäusern. Man huldigt noch immer dem alten Brauch, ihn am Aschermittwoch zu verzehren. Der Handel hat sich darauf eingestellt, und so kann man in Baden zur Fasnachtszeit überall gewässerten Stockfisch kaufen. In anderen Gegenden Deutschlands wird man ihn bestimmt auch bekommen, wenn man seinen Fischhändler rechtzeitig danach fragt.
Für die Zubereitung ist wichtig, daß man Stockfisch nie sprudelnd kocht oder zu lange gart, denn dann zerfällt er und büßt viel von seinem Wohlgeschmack ein. Unbedingt sollte man der Erfahrung badischer Köchinnen folgen und Ingwerpulver zum Würzen der Sauce verwenden.
Mit dem Stockfisch verbunden ist übrigens der Fasnetsausklang in Wolfach im Schwarzwald, einem alten Städtchen im Kinzigtal. In der Frühe des Aschermittwochs ziehen die Narren von Wolfach unter großer Anteilnahme der Bevölkerung zum Stadtbrunnen. Sie sind alle schwarz gekleidet, tragen Zylinder und Bohnenstangen, an deren Spitze leere Geldbeutel baumeln. Überall ist bitterliches Weinen zu hören, weil die Fasnet nun vorbei und der Geldbeutel leer ist. Am Brunnen werden die Portemonnaies gewaschen und mit Bürsten ausgeschrubbt. Dann ziehen alle zum nahegelegenen Finanzamt und lehnen Stangen mitsamt leeren Beuteln an dessen Außenwand. Anschließend geht es in die Wirtschaften des Städtchens zum Stockfischessen.

Gebackener badischer Hecht

1 Hecht (ca. 1 1/2 kg), ausgenommen und geschuppt
Zitronensaft
Salz
Mehl
4 EL Butter
2 EL Öl
2 rohe, geschälte Kartoffeln
1 kleingeschnittene Zwiebel
1/4 l süße Sahne
4 EL gehackte Petersilie

Hecht kalt waschen, innen und außen mit reichlich Zitronensaft einreiben, salzen und etwa 15 Minuten zur Seite stellen. Anschließend in Mehl wenden, leicht abklopfen und in einer länglichen Form im heißen Fett ringsum leicht anbraten. Das Fett sollte eine Mischung aus Butter und Öl sein.

Nach dem Anbraten steckt man 2 rohe, geschälte Kartoffeln in die Bauchhöhle des Fisches, um ihn aufrecht zu halten, beträufelt ihn nochmals mit Zitrone und Bratfett, streut die Zwiebel ins Fett und schiebt alles zusammen in den auf 180° C vorgeheizten Backofen. Nach knapp 10 Minuten die Sahne in das Bratfett rühren. Mit der Fett-Sahne-Mischung den Hecht mehrmals begießen. Gesamte Bratzeit etwa 1/2 Stunde. Sobald sich eine Kruste auf dem Hecht zu bilden beginnt, bestreut man ihn mit Petersilie und drückt diese mit einem Messer fest.

Ist der Hecht hellbraun und gar, so hat sich aus Fett, Sahne und Fischsaft – die man immer wieder miteinander verrührt – eine köstliche Sauce gebildet, die den Wohlgeschmack des gebackenen Hechtes noch erhöht. Dazu gehören unbedingt breite Nudeln.

Wäre dieses Buch früher geschrieben worden, so hätte es viel mehr Fischrezepte enthalten. Fisch spielte nämlich in den vergangenen Jahrhunderten, ja noch vor fünfzig Jahren, eine große Rolle in der badischen Küche. Inzwischen haben sich nicht nur der Geschmack und die Kaufkraft gewandelt, sondern leider auch das Wasser. Industrie und Verkehr wurden zum Fluch für Fische, Fischer und Fischgenießer am Rhein. Noch nach dem Zweiten Weltkrieg konnte man in den Uferauen zu Füßen des Schwarzwaldes allmorgendlich Aale frisch aus dem Räucherschrank kaufen, die des Nachts aus dem Rhein geholt worden waren.

Heute ist der Strom zum besseren Abwasserkanal geworden. Es wird viel von Verbesserung der Wasserqualität gesprochen und geschrieben, die Fische jedoch haben noch nichts davon bemerkt. Wer es aber wagen wollte – was offiziell verboten ist –, Fische aus dem Rhein zu verspeisen, hätte keine Freude daran. Und selbst wenn das Rheinwasser langsam wieder sauber würde, wie sollten die Fischlein und Fischer ihren Lebensraum auf dieser europäischen Haupttransportader finden, auf der es inzwischen mehr Schiffe als Wasserflöhe gibt? Nur in den Altarmen des Rheins, den Seitenflüssen und den Baggerseen haben bisher die Fische überlebt. Allerdings machen ihnen »natursüchtige« und sportbegeisterte Anwohner mit Abfall, Surfbrettern und anderem Kram das Überleben auch hier immer schwerer.

Was der Dichter Christian Morgenstern vor 80 Jahren beklagte, klingt heute wie eine Bagatelle:

»Ein Rheinsalm schwamm den Rhein,/ bis in die Schweiz hinein./Und sprang den Oberlauf/von Fall zu Fall hinauf./ Er war schon weißgottwo,/doch eines Tages – oh!,/da kam er an ein Wehr,/ das maß zwölf Fuß und mehr./Zehn Fuß, die sprang er gut,/doch hier zerbrach sein Mut./Drei Wochen stand der Salm/am Fuß der Wasseralm,/und kehrte schließlich stumm/nach Deutsch- und Holland um.«

Schwarzwald-forelle blau

Für den Sud:
1 1/2 l Wasser
1 kleine Zwiebel
1 Karotte in Scheiben
Petersilienstiele
1 Lorbeerblatt
1 winzige Prise Thymian
Salz, wenig Pfeffer
1 Schuß Essig

4 Forellen, so frisch wie möglich
2 EL Zitronensaft
120 g Butter

Das Wasser mit allen Sudzutaten zum Kochen bringen und dann eine gute halbe Stunde leise sieden lassen.
Fangfrische Forellen ausnehmen und nur innen kurz auswaschen, dabei die Außenhaut so wenig wie möglich berühren, damit die spätere Blaufärbung nicht beeinträchtigt wird. Wenig Zitronensaft auf beiden Seiten über die Fische träufeln und sie dann in den Sud legen. Das Wasser darf nicht zum Kochen kommen, sondern muß unter dem Siedepunkt bleiben. Die Forellen je nach Größe 6–8 Minuten garen.
Herausnehmen, am besten auf gefalteten weißen Servietten anrichten. Frische Butter und Salzkartoffeln dazu reichen.

Zur blaugesottenen Forelle ißt man am besten Salzkartoffeln, die gut abgedampft sein müssen und wie von Rauhreif überzogen in der Schüssel liegen, obwohl sie natürlich gut heiß sein sollten.
Wer sich einen Fischsud für die Forellen kocht, der halte ihn geschmacklich bewußt unauffällig. So darf Thymian wirklich nur in einer winzigen Prise zugesetzt werden, und der Schuß Essig sei bester Weinessig und eher ein Schüßchen.
Sehr häufig wird auch im Schwarzwald keine frische Butter zur Forelle serviert, sondern geschmolzene. Das ist möglich, ein kulinarisches Unglück wäre allerdings dunkel gebrannte Butter.
Ob die Forellen in ganzer Länge auf der Platte liegen oder gekrümmt, Kopf und Schwanz zusammengebunden, ist eine reine Frage der Optik. Allerdings ist ein gekrümmter Fisch schwieriger von den Gräten zu lösen als ein gestreckter.
Jede Bedienung in Baden versteht sich darauf (oder sollte es wenigstens!), dem Gast die Forelle mundgerecht zu servieren. Man kann ohne weiteres darum bitten. Für den wahren Genießer ist es jedoch ein Teil der Vorfreude, wenn er selbst die Filets auslöst. Und natürlich wird er nie vergessen, die Bäckchen unter den Kiemen hervorzuangeln. Sie sind zwar nur ganz klein, schmecken jedoch köstlich.
Und sollte eine Forelle serviert werden, die leicht aufgeplatzt ist, so mache man nicht gleich dem Koch Vorwürfe. Er kann weitgehend unschuldig daran sein, denn je frischer die Forellen sind, um so empfindlicher ist ihre Haut.

Felchen »Fischerin vom Bodensee«

4 mittelgroße Felchen, ausgenommen
1–2 Zitronen
Salz
4 EL Butterschmalz
2 Zwiebeln
1 Tasse Mehl
weißer Pfeffer
2–3 EL Kalbs- oder Hühnerbrühe
2 EL Butter

Felchen innen und außen kalt waschen, mit Zitronensaft beträufeln und ganz leicht salzen. 15 Minuten ruhen lassen.
Butterschmalz in einer großen Pfanne erhitzen, darin die in Scheiben geschnittenen Zwiebeln anbraten. Herausnehmen, warm halten.
Die Felchen außen etwas abtupfen, in Mehl (gemischt mit wenig Salz und Pfeffer) wälzen und in der Pfanne im verbliebenen Fett auf beiden Seiten bei mittlerer Hitze goldbraun und knusprig braten. Vorsichtig mit breiter Schaufel wenden, damit sie nicht zerbrechen, dann herausnehmen.
Auf vorgewärmter Platte anrichten. Im Sud die Zwiebelringe noch ganz kurz wieder heiß werden lassen und neben die Fische legen.
In der Pfanne den Zitronensaft von der Marinade sowie die Brühe aufkochen, Bratfond lösen und zum Schluß die Butter in die Sauce rühren. Über die Felchen gießen.
Zu diesen Felchen sollte man unbedingt gut abgedämpfte Salzkartoffeln reichen. Zuweilen wird die Sauce, die man auch getrennt zum Fisch reichen kann, mit einigen Spritzern Worcestersoße geschmacklich verstärkt.

Der Felchen – bitte beachten Sie, daß dieser Fischname stets männlich ist, selbst für die weiblichen Tiere –, der Felchen also hat ein robusteres Fleisch als die Forelle, er verträgt eine kräftigere Behandlung. Das hier gegebene Rezept gehört zum Standardrepertoire der Bodenseefischer, und man findet es schon lange in all den kleinen Gasthäusern am See, in denen man mittags zuweilen eine Stunde auf seinen Felchen warten muß, weil der Fischer noch keine geliefert hat. Der wahre Kenner tut das für einen frischen Fisch gern, und am See hat man meist noch ein wenig mehr Zeit als vielerorts sonst.
Roland Birkenmayer, ein renommierter Küchenchef vom Bodensee, der besonders wegen seiner Fischzubereitungen berühmt ist, bestätigt, daß die beliebtesten Seefischgerichte solche nach Müllerinart oder blaugekocht sind. Und noch eine erstaunliche Tatsache aus seinem Restaurant in Seefelden: Über siebzig Prozent aller dort zubereiteten Mahlzeiten sind Seefischgerichte.
Es zählen natürlich auch raffinierte Rezepturen wie *soufflierte Lachsforelle im Nudelteig, Fischgratins, Fischsuppen* oder *Zanderstrudel* dazu. Und *Felchen nach Großmutters Art* wird mit Sahnesauce und Spätzle serviert.
Im Jahr 1987 sind die Fänge im Bodensee stark zurückgegangen. So wurden in den ersten acht Monaten des Jahres im Obersee nur noch 70 Tonnen Felchen gefangen, während es im Vorjahr viermal soviel waren.
Dieser Rückgang führte schnell zu Spannungen. Und so kam es fast zu einem Kleinkrieg zwischen den bayerischen Fischern und denen aus Vorarlberg. Im tiefen See (ab 25 Meter) ist die Fischerei frei für jedermann, in den flacheren Uferzonen ist sie den jeweiligen Anrainern vorbehalten. Und dort, wo das kalte Rheinwasser frisch in den See strömt, sind die ertragreichsten Fanggründe. Nun klaute man sich gegenseitig die Netze und beschuldigte einander der unerlaubten Fischerei. Nur mit Mühe gelang es der Wasserschutzpolizei, die Streitfälle zu schlichten.

Kretzer Reichenauer Art

600 g Kretzerfilet (Barsch)
Salz
1/4 l Weißwein
2 Zwiebeln
2 EL Butterfett
1/2 Tasse Mehl
weißer Pfeffer
2 EL Butter
1 Tasse saure Sahne
Salbei (Blätter oder getrocknet)

Fischfilet kalt waschen, abtropfen lassen, ganz leicht salzen und 5 Minuten ruhen lassen. Anschließend mit 1/8 l Weißwein begießen und 1/2 Stunde marinieren. Die Zwiebeln halbieren und in dünne Scheiben schneiden.
Eine Pfanne mit dickem Boden – am besten eignet sich Großmutters Eisenpfanne, sonst eine beschichtete nehmen – erhitzen. Butterfett darin zergehen lassen. Zwiebeln unter häufigem Wenden mehr dünsten als braten, sie sollen lediglich hellbraun werden. Herausnehmen und beiseite stellen. Fischfilets gut mit Küchenkrepp trocknen. Mehl mit Salz und Pfeffer vermischen, die Kretzerfilets darin wenden, überflüssiges Mehl abklopfen. Butter zum restlichen Butterfett in die Pfanne geben und erhitzen. Darin die Fischfilets bei guter Hitze beidseitig leicht knusprig braten. Herausnehmen und beiseite stellen. Restlichen Wein und Marinade in die Pfanne gießen, Satz loskochen, Zwiebeln zugeben, weitere 5 Minuten kochen. Sahne mit Salbei (geschnitten oder gerebelt) zugeben, einrühren. Fisch einlegen und erhitzen. Wein-Sahne-Sauce und Zwiebeln über den Kretzerfilets anrichten.

Hoffentlich haben sich Leser, die den Bodensee nicht kennen, von dem ihnen unbekannten Wort *Kretzer* nicht so abschrecken lassen, daß sie diese Seite überschlugen! Ihnen entginge dadurch ein wahrhaft köstlicher Fischgenuß, dessen auch viele Badener noch nicht teilhaftig wurden. Es handelt sich nämlich um ein altes Familienrezept von der Insel Reichenau, das von Fischersleuten stammt und nach reichlichen Fängen gern zubereitet wurde.
Nun aber zum Kretzer. Der Ausdruck stammt wahrscheinlich von den Stacheln an der Rückenflosse des Barsches, an denen man sich übel kratzen kann. In der Schweiz sind diese schmackhaften Fische als *Egli* bekannt. Kein Feinschmecker, der beispielsweise an den Genfer See kommt, läßt sie sich entgehen.
Man kann Kretzer- oder Eglifilets auch in leichten Teig gehüllt ausbacken, und es gibt Rezepturen, die dafür eine Wein-Tomaten-Sauce vorschreiben.
Zu dem hier wiedergegebenen Reichenauer Rezept passen am allerbesten Salzkartoffeln. Man kann auch – was optisch sehr eindrucksvoll ist – grüne Erbschen dazu geben. Oder wie wäre es, mit den Fischfilets einmal Salbeimäusle (Rezept Seite 62) zu servieren?
Dazu trinkt man am besten einen frischen Seewein, etwa einen Müller-Thurgau, der auf der Insel Reichenau wächst, jedoch auch von der gegenüberliegenden Seeseite, aus Meersburg oder Salem kommen darf. Ein Weißherbst wäre übrigens zu diesem Fischgericht auch nicht zu verachten.

Hechtklößle

400 g Hechtfilet
Salz
Senfpulver
1/4 l Crème fraîche
1 TL feingeschnittene Dillspitzen
eventuell 1 Eiweiß
Fischreste
Suppengrün
Pfefferkörner
Lorbeerblatt
1/2 l Wein (Riesling)

Hechtfilets in Würfel schneiden, mit Salz und wenig Senfpulver bestreuen und im Gefrierfach halb steif werden lassen, denn dann kann man sie besser zur Farce verarbeiten. Dazu gibt man die Fischwürfel portionsweise in eine Küchenmaschine mit Schlagmessern, die einen feinen Brei erzeugen.

In eine Schüssel reichlich Eiswürfel legen, eventuell noch etwas Salz darüber streuen, um größere Kälte zu erzeugen. Darauf eine kleinere Edelstahlschüssel mit dem Hechtpüree setzen. Nun werden Crème fraîche und die Dillspitzen mit einem Holzlöffel kräftig eingearbeitet. Bei Fleisch von jungem Hecht entsteht ausreichend Bindung, bei einem älteren muß man noch leicht geschlagenes Eiweiß einarbeiten. Abschmecken. Aus den Fischresten kocht man mit Suppengrün, Pfefferkörnern, Lorbeerblatt und Salz eine Fischbrühe, der man zum Schluß noch den Riesling beigibt.

In der nassen Handfläche formt man mit einem angefeuchteten kleinen Löffel Hechtklößle und läßt sie im Fischsud knapp unter dem Siedepunkt ungefähr 10 Minuten garen. Mit dem Schaumlöffel herausnehmen und abtropfen lassen. Mit Blattspinat und körnigem Reis servieren.

Klößchen aus Hechtfleisch bekommt man in Frankreich überall unter dem Namen *Quenelles de brochet.* Und als solche sind sie längst in der internationalen Kochkunst zum Standardgericht geworden. In Deutschland findet man sie ebenfalls in guten Restaurants. Meistens stehen sie dort als Hechtklößchen auf der Speisekarte. *Hechtklößle* jedoch sind und bleiben eine badische Spezialität. Man bekommt sie im Schwarzwaldgasthof ebenso wie im Kleinstadtrestaurant in der Rheinebene oder in einer Bodenseeweinstube.

Man serviert sie gern mit Spinat, der dann auch eine attraktive Farbkomponente liefert. Oft gibt es auch Krebsrahmsauce dazu. Leider sind auch in den Bächen Badens die Krebse fast ausgestorben, sie scheinen sich jedoch ganz langsam wieder zu vermehren.

Man kann heute allerdings Essenzen oder vorgefertigte Produkte kaufen, aus denen Krebssauce einfach zuzubereiten ist. Auch mit Hummercreme guter Hersteller kann man sich behelfen.

Wer die Hechtklößle besonders aromatisch machen will, der kann zusätzlich noch ein wenig Muskatblüte und/oder Cayennepfeffer verwenden. Von beidem bitte jedoch nur einen Hauch nehmen, damit der feine Hechtgeschmack nicht verfälscht wird.

Wer noch ein älteres Kochbuch besitzt, vielleicht sogar vom Meister Escoffier geschrieben, der wird dort eine ganz andere, sehr viel kompliziertere Zubereitungsart finden, zu der eine sogenannte Panade gehört. Keine Angst, das hier gegebene Rezept ist kein billiger Ersatz für ungeübte Hausfrauen, sondern eine moderne Version, die möglich gemacht wird durch elektrische Küchenmaschinen mit schnell rotierenden Messern. Selbst vielbesternte Köche bedienen sich heute dieser viel einfacheren – und reineren – Zubereitungsart.

Breisgauer Fischtopf

je 300 g Aal, Hecht, Barsch, Schleie, Zander (oder Forelle)
1 geschnittene gelbe Rübe
1/2 Lauchstange
1 Zwiebel
1 Lorbeerblatt
Petersilienstiele
je 1 Prise Salz, Estragon und geriebene Muskatnuß
100 g kleine Champignons
1 EL Zitronensaft
3 EL Butter
1/4 l Weißwein (Riesling)
200 g Crème double
2 Eigelb
Mehlbutter

Fische putzen, enthäuten und filieren. In etwa 50 g schwere Stücke teilen. Gräten zusammen mit gelber Rübe, Lauch, Zwiebel, Lorbeerblatt, Petersilie, Salz, Estragon und Muskatnuß in 1 l Wasser 30 Minuten kochen lassen. Pilze putzen, nur die Köpfe mit Zitronensaft beträufeln und in 1 EL Butter anschwenken, ganz wenig heißes Wasser zugießen und 5 Minuten kochen lassen. Warm halten.

In einem Topf 2 EL Butter schmelzen, die Aalstücke einlegen und nach einigen Minuten den restlichen Fisch bei mittlerer Hitze 5 Minuten andünsten. Fischbrühe durch ein Haarsieb bis zur halben Höhe zugießen, dann den Wein. Den Fisch bei kleinster Hitze gar ziehen lassen; er muß noch Biß behalten. Fisch herausnehmen und unter gebuttertem Papier in einer Schale warm halten. Sauce einkochen, mit Crème double und Eigelb legieren, abschmecken, eventuell mit Mehlbutter binden und zusammen mit den Pilzen zu den Fischstücken geben. Das Ganze noch einmal kurz heiß werden lassen.

Dieser Fischtopf ist zu beiden Seiten des Rheins beliebt. Im Elsaß hat er den Namen *Matelote,* was soviel wie Matrosengericht heißt.

Hier noch einige Hinweise zum Rezept: beim Garen der Fische unbedingt beachten, daß die einzelnen Arten unterschiedlich lange brauchen. Sie dürfen auf keinen Fall zu weich werden, lieber die zarten Stücke früher herausnehmen. Beim Abschmecken nach Belieben noch etwas Zitronensaft zusetzen. Auch ein ganz klein wenig Knoblauch kann nicht schaden.

Eine schöne und wohlschmeckende Dekoration sind *Fleurons,* Blätterteighalbmonde. Man kauft sie entweder fertig vom Bäcker oder sticht sie aus Tiefkühlblätterteig aus, bestreicht sie mit Eigelb und bäckt sie im heißen Ofen. Streut man dann noch Petersilie beim Anrichten über den Fischtopf, so ist das Galaessen komplett.

Zur Mehlbutter verknetet man mit einer Gabel halbweiche Butter mit Weizenmehl, formt kleine Laibchen und hebt sie im Kühlschrank auf. Zum Binden von Suppen und Saucen bröselt man langsam einige Stückchen davon ein und rührt ständig, bis die gewünschte Konsistenz erreicht ist. Bei der Verwendung von Mehlbutter vermeiden Sie unerwünschten Mehlgeschmack. Man kann die Fischstücke auch mit Gräten garen. Viele Feinschmecker nehmen die dann entstehende Mühe beim Verzehr gern auf sich, weil Fisch, der mit Gräten gegart wurde, zweifellos ein etwas kräftigeres Aroma hat. Es müssen nicht alle im Rezept genannten Fischarten verwendet werden, wichtig ist nur, daß es mehrere sind. Und Aal sollte auf jeden Fall dabei sein.

Feinschmecker-spießle

Kalbs- und Geflügelleber, insgesamt etwa 600 g
etwas Milch
300 g frischer fetter Speck
2 EL gehackte Petersilie
2 Schalotten
Salz
weißer Pfeffer (Mühle)
Salbeiblätter

Die Leber gründlich waschen, kurz in Milch einlegen, sorgfältig mit Küchenkrepp trocknen.
Aus dem Speck dünne Scheiben schneiden. Petersilie mit den durch die Knoblauchpresse gedrückten Schalotten sowie Salz und weißem Pfeffer vermischen.
Leber in möglichst gleich große Stücke schneiden. Geflügelleber, die von Huhn, Ente oder Gans stammen kann, in der Petersilienmischung wälzen, diese andrücken und dann mit Speck umwickeln. Kalbsleber nur leicht salzen und pfeffern und dann zusammen mit jeweils 1 Salbeiblatt ebenfalls in Speck wickeln. Die Leberrouladen auf 4 Spieße stecken, dabei möglichst zwischen Geflügel- und Kalbsleber abwechseln. Auf mittelheißer Holzkohle oder unter dem Elektrogrill so lange garen, bis die Speckhüllen leicht angebräunt und die Leberstücke gar sind. Das dürfte – je nach Hitze – knapp 10 Minuten dauern.
Dazu reicht man kräftiges Weißbrot und in Butter gedünstete grüne Bohnen.

Bei diesem Rezept haben zweifellos die alemannischen Vettern aus der Schweiz Pate gestanden. Es stellt eine wohlschmeckende Abwechslung für die moderne Grillparty dar. Modern deshalb, weil früher niemand auf offenem Feuer zum puren Vergnügen gegrillt hätte. Dazu fanden sich allenfalls die Jägersleut' nach der Treibjagd oder die Winzer an einem kalten Lesetag ein, wo dann das offene Feuer nicht nur die Würste briet, sondern auch die Finger wärmte.
Daß man auch in Baden früher durchaus bescheiden gespeist hat, zeigt eine Zusammenstellung typischer Mahlzeiten, die aus der Baar stammt, dem kargen Land südlich von Villingen. Der Speiseplan dürfte etwa hundert Jahre alt sein.
Am Sonntag gab es zur Feier des Tages Fleisch vom Schwein oder Rind, auch gekochtes Rauchfleisch. Dazu Knöpfle und Gemüse oder Kartoffelsalat, der vielleicht mit *Gugumera* (Gurken) gemischt war.
Montags ging es dann sehr viel einfacher zu mit Kraut und Knöpfle. Beides wurde miteinander vermischt und als *Durenand* (Durcheinander) bezeichnet oder geschichtet als *Ibrenand* (Übereinander).
Am Dienstag ging es vornehmlich sauer zu, entweder mit sauren Bohnen zu Spätzle oder sauren Kartoffelrädle.
Am Mittwoch standen Schupfnudeln auf dem Plan, wozu es Sauerkraut gab, oder aber man aß eine süße Hauptmahlzeit aus Knöpfle und Dörrobst. Dabei wurde sehr viel weniger Zucker verwendet, als wir das heute gewöhnt sind, denn Zucker war teuer.
Donnerstags gab es zur Abwechslung wieder gekochtes Fleisch, Bauchfleisch vom Schwein, zu dem man Kartoffelschnitze und vielleicht noch einen Salat servierte.
Freitags war natürlich eine fleischlose Mahlzeit fällig, etwa Pfannkuchen mit *Schnitz* (gedörrte Birnen, zu Kompott gekocht) oder auch schon einmal Waffeln mit Zwetschgen.
Samstags ging es zum Ausgleich für den kommenden üppigen Sonntag dann sehr karg zu, es gab nur Bratkartoffeln mit Malzkaffee oder eine gebrannte Mehlsuppe mit Pellkartoffeln.

Kratzete

Grundrezept:
250 g Mehl
1 TL Salz
3 Eier
knapp 1/2 l Milch
Butterschmalz zum Backen
Butterflöckchen

Das Mehl sieben, in eine Schüssel füllen und mit dem Salz verrühren. Die Eier trennen. Eiweiß beiseite stellen. Eigelb mit der Milch vermischen und beides zusammen dann sorgfältig mit dem Mehl verrühren. Eiweiß zu steifem Schnee schlagen, davon zunächst 1/3 in den Teig rühren und die restliche Eiweißmenge nur zart unterheben. Butterschmalz in einer heißen Pfanne zergehen lassen, reichlich Teig einfüllen und zum Pfannkuchen backen. Sobald die Unterseite gestockt und gelb ist, wird der Pfannkuchen gewendet. Nach 1/2 Minute beginnt man damit, ihn in Stücke zu zerteilen. Das geschieht am besten mit zwei Backschaufeln, mit denen man die Pfannkuchenstücke auch immer wieder wendet, bis sie goldbraune Ränder haben. Dabei einige Butterflöckchen aufsetzen.
Sie können auf einer Platte im Ofen warm gehalten werden, bis alle Kratzete *gebakken sind.*

Abwandlungen:
1. Dieselben Zutaten wie oben, wobei jedoch 1 TL Backpulver mit dem Mehl vermischt wird.
2. Nur 150 g Mehl verwenden und an Stelle der Milch süße Sahne mit dem Eigelb vermischen.
Wichtig ist auf jeden Fall, daß reichlich Fett verwendet wird. Wenn man die Eierkuchen zerreißt, auseinander-›kratzt‹, muß man stets noch Fett zugeben, am besten frische Butter in Flöckchen. Und bitte immer bedenken, daß für die Kratzete die Pfannkuchen ziemlich dick sein sollen.

Es soll Leute geben, die Spargel nur deswegen essen, weil sie so wenig Kalorien haben. Abgesehen davon, daß der wahre Genießer über solche Zeitgenossen lächelt, weil beim Spargel allein der wundervolle Geschmack zählen sollte, stimmt das mit der Kalorienarmut tatsächlich: Ein Pfund gekochte Spargel hat nur etwa 100 Kilokalorien. Er ist arm an allen Nährstoffen, kann allerdings auch nicht gerade mit einem Reichtum an Vitaminen oder Mineralstoffen protzen. Und – wer Spargel nur ißt, weil sie kalorienarm sind, der betrügt sich oft selbst, weil fast immer reichlich Fett, Proteine und Kohlenhydrate von den Beilagen geliefert werden.
Damit wären wir bei den *Kratzete.* Sie passen sich nicht nur geschmacklich hervorragend dem edlen Gemüse Spargel an, sondern haben auch den nötigen Sättigungswert. Man ißt Kratzete vorzugsweise in den Spargelanbaugebieten Südbadens um Freiburg herum, am Kaiserstuhl und im Markgräflerland. In diesen Teilen Badens sind sie zudem ein beliebtes Sommeressen, das nur mit einer Schüssel grünem Salat zusammen auf den Tisch kommt.

Urloffener Meerrettich

Verschiedene Zubereitungen

Heimatkundlich bewanderte Feinschmekker werden sich gewiß wundern, wenn sie Meerrettich unter den badischen Spezialitäten finden. Das große deutsche Anbaugebiet dieser scharfen Wurzel liegt nämlich in Franken, in der Gegend von Fürth.

Aber auch Baden hat ein Meerrettichzentrum rings um einen Ort namens Urloffen, in der Oberrheinebene bei Offenburg. Dort krönte man früher jedes Jahr eine Meerrettichkönigin. Das hat man inzwischen aufgegeben, vielleicht wegen des beißenden Spottes, zu dem das Anlaß gab. Aber noch immer gibt es in Urloffen am zweiten Sonntag im Oktober ein Meerrettichfest mit großem Jahrmarkt. Und natürlich wird noch immer Meerrettich angebaut. Es gibt im Ort zwei Betriebe, die sich um seine Verarbeitung und auch den Vertrieb der frischen Ware kümmern. Mit frischer Ware haben Feinschmecker in anderen Gegenden Deutschlands, vor allem im Norden, ihre liebe Not. Zum einen werden nur etwa fünf Prozent der Ernte frisch angeboten, und zum anderen gibt es für diese einheimische Würze ein deutliches Nord-Süd-Gefälle. Südlich der Mainlinie wird erheblich mehr davon verzehrt.

Frischer Meerrettich ist der wahre Genuß, denn er hat mehr Schärfe und ein stärkeres Aroma. Die gelbweißen Pfahlwurzeln sind etwa 20 Zentimeter lang und haben einen Durchmesser von 2 bis 3 Zentimetern. Frisch zu haben sind sie in den Monaten mit »r«, also von September bis April. Wenn man nicht das heulende Elend beim Reiben bekommen will, so sorge man dafür, daß ein frischer Luftzug durch die Küche weht.

Die Schärfe kommt vom Inhaltsstoff Sinigrin, der mit dem Senföl verwandt ist. Beim Kochen geht er teilweise verloren. Außerdem enthält Meerrettich sehr viele Mineralstoffe und Vitamin C. Er hilft verdauen und fördert den Appetit. Sein Saft löst den Husten. Und dann soll Meerrettich noch gut gegen Rheuma und Gicht sein und Leberflekken auslöschen. Was will man mehr!

Frischer Meerrettich

(zu Würstchen und Ripple)
150 g Meerrettich
1 TL Zitronensaft
2 EL saure Sahne
1 Prise Salz
1 kleine Prise Zucker

Meerrettich reiben und mit allen anderen Zutaten vermischen.

Meerrettichcreme

(zu gekochtem Fleisch)
20 g Butter, 20 g Mehl
wenig Salz und Zucker
1/8 l Milch, 6 EL Sahne
150 g geriebener Meerrettich

Aus Butter und Mehl eine Schwitze rühren. Salz und Zucker dazugeben. Mit Milch ablöschen. Einige Minuten köcheln lassen, dann Sahne und Meerrettich einrühren.

Kalte Meerrettichsauce

(zu Fisch- und Fleischaspik)
200 g geriebener Meerrettich
5 EL heißes Wasser, 1 EL Weinessig
1 TL scharfer Senf, 1 Prise Zucker
200 g frische Brotkrume, 1/4 l Milch
3 EL Crème fraîche, Salz

Meerrettich mit heißem Wasser übergießen und nach 15 Minuten ausdrücken. Essig, Senf und Zucker mit Meerrettich vermischen. Brotkrumen (Weißbrot ohne Rinde) in der Milch weichen lassen, gut ausdrücken und zusammen mit der Crème fraîche zum Meerrettich rühren. Mit Salz abschmecken.

Schupfnudeln (Buwespitzle)

1 kg mehlige Kartoffeln
1 kräftige Prise Salz
geriebene Muskatnuß
1–2 Eier
4–6 gehäufte EL Mehl
3 EL Butterfett oder Schmalz zum Anbraten

Die Kartoffeln in der Schale kochen. Sie sollten gut weich sein und dürfen ruhig ein bißchen aufplatzen. Abkühlen lassen, schälen und möglichst noch warm durch eine Kartoffelpresse drücken. Salz, Muskatnuß und aufgeschlagene Eier hinzufügen, je nach Größe 1 oder 2 Stück. Zu einem Teig verarbeiten, dem je nach Feuchtigkeit so viel Mehl zugefügt wird, daß er gut formbar bleibt.
Den Teig ruhen und erkalten lassen. Dann zigarrenförmige Stücke, die etwa 6–10 cm lang und in der Mitte bis zu 2 cm dick sind, ausrollen, die Enden spitz zulaufen lassen.
In siedendem Salzwasser gar ziehen lassen. Nachdem sie an die Oberfläche gekommen sind, mit einem Schaumlöffel herausnehmen, abtropfen und erkalten lassen. Dann erst in einer Pfanne bei guter Hitze knusprig braun anrösten.
In Baden sind Schupfnudeln eine beliebte Beilage zu Sauerkraut und Schäufele.
Man serviert sie aber auch zu Braten mit Sauce oder zu saurer Leber.
Mit Salat wird daraus eine Sommermahlzeit.

Ein Badener sagt zu dieser großartigen Beilage *Schupfnudele* oder auch *Buwespitzle.* Wie volkstümlich diese Beilage überall im Süden und Südwesten Deutschlands ist, erkennt man an den vielen Bezeichnungen, die von Gegend zu Gegend zwar verschieden sind, aber immer dasselbe meinen: *Bauchstecherle* in Franken und Württemberg oder in Teilen Bayerns auch *Ranzenstecher* und *Schupfwärgel.*
Auf der Baar und in schwäbischen Gebieten bereitet man die Schupfnudeln auch ohne Kartoffeln nur aus Mehl zu. In früheren Zeiten gab man dann geschmälzte Zwiebeln darüber und aß sie mit Sauerkraut als volle Mahlzeit.
In Baden hingegen hält man es eher mit dem Kartoffelteig. Man verwendet bewußt mehlige Kartoffeln, um die Mehlzugabe so gering wie möglich halten zu können. Im Rezept ist deshalb für das Mehl auch eine relativ große Spanne angegeben, weil sich die Menge danach richtet, wie feucht oder trocken die Kartoffeln sind. Zuweilen mischt man auch unter den Kartoffelteig noch etwas ganz klein gewiegtes Kraut, Petersilie oder Kerbel. Verwendet man ein Würzkraut, zum Beispiel frischen Majoran, so verzichtet man auf die Muskatnuß.
Möglich ist auch eine Zubereitung, bei der die Schupfnudeln nicht erst in Wasser gegart werden, sondern gleich mit Fett in die Pfanne kommen. Dann werden sie allerdings etwas dünner ausgeformt.
Reicht man Schupfnudeln als Sommeressen nur mit einer großen Schüssel Salat, so kann man auch in Butter angeröstete Semmelbrösel darüber geben.

Mehl

Breite Nudeln

500 g Mehl
1 EL Salz
3 Eier
5 Eigelb
etwa 1/2 Eischale Wasser

Butterflöckchen

Das Mehl auf ein Backbrett sieben und mit dem Salz leicht vermischen. In die Mitte eine breite Vertiefung drücken. Eier und Eigelb hineinschlagen und vorsichtig vom Rand her mit dem Mehl vermengen. Dann Mehl und Eier kräftig mit dem Löffel verrühren und schließlich einen Teig daraus kneten, der gut durchgearbeitet werden muß, jedoch fest sein soll. Nur so viel Wasser verwenden, daß der Teig noch knetbar bleibt. Zum Schluß schlägt man ihn kräftig auf die Tischplatte, dann wickelt man ihn in ein dünnes Küchenhandtuch und läßt ihn unter einer umgedrehten Schüssel mindestens 1 Stunde ruhen.
Danach eigroße Teigstücke abtrennen, zum Ball formen und diesen 1–2 mm dick auswellen. Die einzelnen Teigplatten, auf Pergamentpapier gelegt oder über eine ausgespannte Leine gehängt, gut 1/2 Stunde trocknen lassen. Danach mit wenig Mehl bestäuben, locker zusammenwickeln und 1 cm breite Streifen abschneiden. Diese auseinanderschütteln und in kochendem Salzwasser ohne Deckel etwa 8 Minuten garen. Wasser abgießen, Nudeln abtropfen lassen, in eine vorgewärmte Schüssel umschütten, Butterflöckchen aufsetzen.

Diese Nudeln kann man natürlich auch servieren, ohne daß man sie vorher in Butter geschwenkt hat. Allerdings ist der feine buttrige Geschmack die zusätzlichen Kalorien wert. Und man sollte auch bedenken, daß die badische Küche mit anreichernden Zutaten wie Butter und Eiern stets großzügig umgeht, das ist eines der Geheimnisse ihres Erfolges. So sind in dem Nudelteig relativ viele Eier. Wer Probleme mit dem Cholesterinspiegel hat, der kann deren Menge reduzieren und dafür etwas mehr Wasser verwenden. Die Nudeln sind dann jedoch nicht mehr echt badisch.
Eine optische und auch geschmackliche Verfeinerung kann man dadurch erreichen, daß man ein paar Nudeln nicht kocht, sondern zurückbehält, in kurze Stücke bricht und in etwas Butter anröstet. Diese knusprigen Stückchen werden beim Anrichten über die Nudelschüssel gestreut.
Teigwaren spielen in der badischen Küche eine wichtige Rolle. Man verwendet die vielfältigsten Arten, auch gekaufte. Bei den hausgemachten Teigwaren stehen im schwäbisch-alemannischen Raum an erster Stelle die Spätzle, die sprichwörtlich für die schwäbische Küche sind und wahrscheinlich auf die Römer zurückgehen. Eine badische Variante der Spätzle sind die *Knöpfle*, zuweilen auch, vor allem im Markgräflerland, als *Chnöpfli* bezeichnet. Bei ihnen handelt es sich um etwas festere Spätzle. Es gibt besondere Knöpflespressen, durch die der Teig mit kräftigem Druck durchgepreßt wird. Hat man keine Knöpflespresse, so kann man den Teig durch ein großlöchriges Salatsieb drücken.
Der Knöpfleteig wird mit zwei bis drei Eiern auf ein Pfund Mehl zubereitet, bei Spätzle sind es in der Regel vier.
Spätzle und Knöpfle können zur Hauptmahlzeit werden, wenn man sie anröstet oder mit geriebenem Käse vermengt oder in einer dunklen, mit Essig abgeschmeckten Zwiebelmehlschwitze als *saure Spätzle* serviert. Mit Leber vermischt werden sie zu Leberspatzen. In allen Fällen ißt man grünen Salat dazu.

Pilzpfännle

800 g Pfifferlinge
5 EL Butter
1 EL neutrales Öl
2–3 Schalotten
2 Knoblauchzehen
4 EL gehackte Petersilie
Salz
weißer Pfeffer (Mühle)
1 Tasse süße Sahne nach Belieben

Pfifferlinge gut putzen, kräftig in kaltem Wasser schwenken, bis kein Sandkorn mehr daran haftet. In einem Sieb unter mehrmaligem Schütteln gut abtropfen lassen. Eventuell etwas kleiner schneiden; am besten schmecken jedoch kleine Pfifferlinge, die man ganz läßt.

In einer emaillierten oder beschichteten Form 4 EL Butter zusammen mit dem Öl zerlassen. Kleingeschnittene Schalotten und zerdrückte Knoblauchzehen darin glasig werden lassen. Pfifferlinge mit Ausnahme von 3 oder 4 Stück zugeben. Unter häufigem Schwenken etwa 10 Minuten dünsten. Petersilie darüber streuen. Noch einige weitere Minuten schwenken; alles Wasser, das die Pilze abgeben, soll verdampfen. Mit Salz und weißem Pfeffer aus der Mühle abschmecken. Unmittelbar vor dem Servieren noch die ganz klein geschnittenen Pilze, die man zurückbehalten hat, zufügen und die restliche Butter auf den Pilzen zerschmelzen lassen. Man kann auch noch ganz wenig feingewiegte Petersilie darüber streuen.

Wer den Pfifferlinggeschmack etwas ausgleichen und abrunden möchte, der fügt gegen Ende der Garzeit Sahne zu, erhitzt und verrührt sie. Mit grünen Nudeln servieren.

Die Badener besitzen eine gewisse Leidenschaft dafür, reichlich mit Sahne zu kochen. Bei diesen Pfifferlingen jedoch verzichtet der Kenner weitgehend auf die cremige Beigabe, er will den reinen Pilzgeschmack. Dies wird noch dadurch unterstützt, daß zum Schluß einige rohe Pfifferlinge zugegeben werden. Das ist übrigens ein Küchentrick, den man mit Erfolg auch bei vielen anderen Pilzarten anwenden kann.

Im Badischen verzichtet man meist auf die Beigabe von Rührei. Man begnügt sich mit ein paar breiten Nudeln. Neuerdings nimmt man dazu gern grüne Nudeln, die man durch Hinzufügen von Spinat zum Teig erhält. Oder man kauft einfach grüne Nudeln im Supermarkt. Sie bilden einen appetitlichen Kontrast zur Pilzfarbe. Eine Fleischbeilage kann man zu dieser Pfifferlingköstlichkeit entbehren.

Die Pfifferlinge sind ein Geschenk der Natur an die Feinschmecker. Man findet sie im Schwarzwald und reichlich auch in den Laubwäldern der Vorgebirgszone. Von Juli bis Ende September erfreuen sie uns. Sie sind ein Trost für regnerische Sommer.

Leider haben die meisten Schwarzwälder Bäuerinnen aufgehört, Beeren und Pilze zu sammeln. Früher boten sie beides ganz frisch auf den Wochenmärkten an. Heute muß man selbst seine Pilze suchen oder aber sich mit Importware abfinden.

Im Südteil des Schwarzwaldes hat es vor wenigen Jahren so etwas wie einen Pilzkrieg zwischen der Schweiz und Baden gegeben. Zu viele Eidgenossen kamen nämlich über die Grenze und plünderten die Pilzbestände des Schwarzwalds. Zum Glück für beide Seiten und für die Pilze hat man sich gütlich geeinigt.

Wer am Sammeln von Pilzen interessiert ist, der kann sich in Hornberg an der Schwarzwaldbahn in der Pilzschau informieren und sogar einen Lehrgang machen. Aber bitte – genügend Pilze für die Badener stehen lassen!

Maisküchle

4 Maiskolben
4 TL Mehl
1 Prise Salz
2–3 Eier
1/2 TL Zitronensaft
3 EL Butterschmalz

Von frischen Maiskolben die Körner abschaben, was sehr oft schon mit dem Messerrücken zu bewerkstelligen ist. Sonst die scharfe Seite eines kleinen Küchenmessers benützen. Die abgeschabten Körner müssen ein Halblitergefäß füllen. Das Mehl dazu mischen. Salz zufügen und das gut verquirlte Eigelb mit diesen Zutaten verrühren. Eiweiß separat mit ganz wenig Zitronensaft und wenig Salz zu steifem Schnee schlagen. 1/3 davon unter den Mais-Ei-Teig rühren, dann den restlichen Schnee nur locker unterheben. Butterschmalz in einer beschichteten Pfanne erhitzen, mit einer kleinen Kelle Teighäufchen einsetzen, die zu Pfannküchlein verlaufen. Auf beiden Seiten goldbraun bakken. Heiß servieren.
Mit Tannenhonig, den man darüber gießt, servieren. Man kann auch nur Puderzukker darüber streuen oder Zwetschgenmus dazu servieren. Kompott ist ebenfalls möglich.
Pikante Version: Würzt man den Teig zusätzlich mit Pfeffer, Salz und kräftig mit kleingeschnittenem Dill, so werden die Maisküchle eine gute Beilage zu grünem Salat, gedünstetem Fisch oder auch hellem Fleisch.

Fährt man den Oberrhein entlang, so begegnen einem überall ausgedehnte Maisfelder. Bis vor wenigen Jahren dienten die körnigen Kolben ausschließlich als Viehfutter. Jetzt allerdings baut man auch hie und da Zuckermais an, der frisch gekocht als Gemüse oder Knabberbeilage köstlich mundet.
Der Anbau von Mais wurde durch die Fahrten des Kolumbus in Europa bekannt. Im Süden und Südosten unseres Kontinents ist er schon seit frühen Zeiten beliebt.
Der Anbau von Süßmais kam ebenfalls aus der Neuen Welt zu uns. Allerdings erst Mitte der siebziger Jahre des zwanzigsten Jahrhunderts. Diesmal brachten ihn amerikanische Soldaten nach Baden. Die Gemüsebauern der Oberrheinebene hatten guten Erfolg mit dem Anbau spezieller Zuckermaissorten. Dabei wird der im Mais enthaltene Zucker erst später in Stärke umgewandelt, die Kolben bleiben also länger süß und wohlschmeckend.
In diesem biologischen Vorgang ist der wichtigste Grundsatz aller Maiszubereitungen begründet: Die Kolben müssen so frisch wie möglich sein, denn schon nach wenigen Stunden verlieren sie an süßem Geschmack. In den Vereinigten Staaten sagt man daher auch, der Mais schmecke am besten, wenn man einen Kessel neben das Maisfeld stellt, und erst wenn das Wasser darin siedet, die Kolben schneidet und hineinwirft.
Der badische Zuckermais wird übrigens von August bis Oktober geerntet. Man pflanzt ihn zu verschiedenen Zeiten, um möglichst lange die zarten Kolben schneiden zu können.
Es ist nicht verwunderlich, daß die kulinarische Begabung der Badenerinnen sich dem neuen Gemüse annahm. So findet man mehr und mehr gemischte Salate mit gekochten Maiskörnern, aber auch Maisgemüse auf den Tischen des Landes. Maisaufläufe werden immer beliebter, Schinken und geschnittene Schäufele passen ausgezeichnet dazu.
Eine der reizvollen neueren Schöpfungen der badischen Küche stellen die Maisküchle dar. Man sollte sie unbedingt süß als Dessert und pikant als Beilage versuchen.

Sellerie Cordon bleu

2–3 mittelgroße Sellerieknollen
5 EL Zitronensaft
Salz
weißer Pfeffer
12 Scheiben Bauerngeräuchertes oder gekochter Schinken
1 Tasse Mehl
2 Eier
Semmelbrösel
1 Prise Muskatblüte
3 EL Butterschmalz oder Fritierfett

Die Sellerieknollen mit kaltem Wasser abbürsten und in reichlich Wasser ungefähr 1 Stunde kochen, große Knollen länger. Leicht abgekühlt schälen und in Scheiben von gut 1/2 cm Dicke schneiden. Sofort mit Zitronensaft beträufeln, dann mit Salz und weißem Pfeffer würzen.
Das Bauerngeräucherte ist ähnlich wie der gekochte Schinken, nur herzhafter im Geschmack. Die Scheiben sollten nicht zu dünn sein, sie werden in der Größe der Selleriescheiben zurechtgeschnitten. Zwischen 2 Selleriescheiben kommt jeweils 1 Fleisch- oder Schinkenscheibe. Gut zusammendrücken.
Zuerst in Mehl, dann in verrührtem Ei und anschließend in Bröseln, die mit Muskatblüte vermischt sind, wenden. Panade andrücken.
In reichlich Butterfett in der Pfanne oder im Fritiertopf schwimmend backen, bis sie goldbraun und knusprig sind. Auf Küchenkrepp entfetten.
Als Beilage gibt man Remouladensauce und einen saftigen Kartoffelsalat. Man kann die ›Cordons bleus‹ auch mit Sardellenstückchen belegen und Zitronenachtel an die Seite legen.

Vor einiger Zeit haben sich badische Köche und nach ihnen sehr schnell auch die Hausfrauen die Zubereitung von Selleriepüree in Frankreich abgeguckt. Im Zeitalter der elektrischen Küchenmaschinen ist dessen Zubereitung kein Problem mehr. Man sollte allerdings den sehr intensiven Selleriegeschmack etwas abmildern. Dazu kann man gekochte Kartoffeln oder Kastanien oder beides mitpürieren. Milch oder Sahne geben die letzte Abrundung.
Erfahrene badische Hausfrauen wissen außerdem, daß sich die Aromastoffe in den Sellerieblättern besonders lange halten, weshalb sie diese gerne trocknen und später als Würzkraut verwenden.
Bei der Erwähnung des Kartoffelsalats wurde ausdrücklich betont, daß er saftig sein soll. Und vor allem: Mayonnaise kommt nicht dran. Der berühmteste deutsche Koch, Alfred Walterspiel, den man auch den deutschen Escoffier nennt, wirkte zwar vornehmlich in Berlin und München, stammt jedoch aus einem Vorort von Baden-Baden. In seinem Buch *Meine Kunst in Küche und Restaurant* beschreibt er seine persönlichen Versionen aller internationalen Köstlichkeiten, die man sich nur denken kann, aber auch ein Rezept für Kartoffelsalat und merkt an: »Es gehört viel dazu, ihn richtig herzustellen.«
Natürlich ist es ein Rezept aus seiner badischen Heimat mit Mannheimer Mäuschenkartoffeln, schön glasig gekocht und dann vorsichtig in eine Marinade aus Fleischbrühe, Essig und Olivenöl als Scheibchen gelegt, die man gut umwendet, wenn sie sich vollgesogen haben. Gewürze gehören natürlich auch dazu, ebenso Kräuter, die aber nicht überall in Baden verwendet werden. Vor allem darf ein guter Kartoffelsalat nie eiskalt sein, eher noch lauwarm.

Badische Spargelkunde

Pro Person:
600 g Spargel

Für den Sud:
Wasser
1 Prise Salz
1 kleine Prise Zucker
1/2 TL Butter

Kenner sprechen von einem Spargelpfund und meinen damit ein sehr reichliches Pfund: für vier Personen kaufen sie 2 ½ Kilo der köstlichen Stangen ein.
Die Zubereitung benötigt nur ein Minimum an Zutaten, dafür aber um so mehr Sorgfalt, ja Liebe. Spargel muß man behandeln wie eine schöne Frau. Die Folgen jeder Nachlässigkeit sind bei beiden gleich unangenehm.
Bleiben wir beim Spargel: Die einzelnen Stangen – ganz frische bitte, die man an feuchten, hellfarbenen Schnittenden erkennt – werden vom Kopfende aus nach unten geschält. Geiz zahlt sich dabei nicht aus. Vor allem unten müssen ziemlich dicke Schalenstreifen abgezogen werden. Das untere Ende großzügig, etwa 1 bis 2 Zentimeter, kürzen. Jede Portion mit ungeleimtem Faden zusammenbinden.
Der Sud soll dann nur aus kochendem Wasser mit der angegebenen Minimalwürzung bestehen. Auf gar keinen Fall Brühe oder Aromastoffe verwenden! Gut ist allenfalls Spargelsud, den man sich aus Schalen und Abschnitten gekocht hat.
Die Garzeit beträgt je nach Dicke der Stangen zwischen 10 und 30 Minuten. Sie müssen noch »Biß« haben.
Es gibt verschiedene Garmethoden für das königliche Gemüse: Am einfachsten ist es, die Spargel gebündelt ins leicht kochende Wasser zu legen. Dabei kann der Boden des Topfes mit Spargelschalen belegt sein. Das Wasser darf nach dem Einlegen der Spargel nur ganz sachte köcheln. Nach etwa zwölf Minuten beginnt man den Garzustand zu prüfen. Am besten drückt man dazu die unteren Enden zusammen. Wenn dies ohne Kraftaufwand möglich ist, sind die Spargel gar. Heiße Finger muß der wahre Genießer dabei ohne Klagen hinnehmen.
Im Spargeltopf stellt man die Stangen in einen Gittereinsatz und plaziert diesen in einige Zentimeter kochendes Wasser. Deckel aufsetzen und nach ungefähr 5 Minuten die Hitze reduzieren. Garprobe wie oben beschrieben. Spargeltöpfe gibt es in verschiedenen Größen, sie sind hoch und schmal.
Im Dampfkochtopf gelingen Spargel hervorragend, wenn dieser eine reduzierte Druckstufe hat (Biogaren). Mit dem Sud kommen dabei die zarten Stangen nicht in Berührung, dieser kann daher zur Hälfte aus Weißwein bestehen und Schalotten enthalten. Die Spargel kommen in den Siebeinsatz über den kochenden Sud, der Deckel wird geschlossen, die Garzeit beträgt etwa 8 Minuten. Sie brauchen kein Salz zugeben, da alle natürlichen Gemüsesalze erhalten bleiben.

Porreeauflauf

1 kg Porree (nicht zu dicke Stangen)
Salzwasser
5 EL Butter
250 g gekochtes Ripple ohne Knochen
4 EL Mehl
1 Tasse Fleischbrühe
1/4 l süße Sahne
Salz
weißer Pfeffer (Mühle)
Muskatnuß
75 g geriebener Emmentaler Käse

Die Porreestangen von grünen Blättern befreien. Die weißen Teile gründlich waschen und in Salzwasser etwa 15 Minuten sachte kochen, bis sie beginnen, weich zu werden (die Zeit hängt von Alter und Dicke der Lauchstangen ab). Herausnehmen, abtropfen lassen, jetzt erst die Wurzelenden abschneiden. Weiße Teile in etwa 5 cm lange Stücke schneiden, dicke Stangen dabei längs halbieren. Den Boden einer feuerfesten Form mit 1 EL Butter ausstreichen, halbierte Porreeabschnitte darauf verteilen. Die Hälfte der kleingewürfelten Ripple darüber streuen. Darauf die restlichen Stangenstücke strahlenförmig anordnen und mit dem Rest der gewürfelten Ripple bestreuen.
Aus 3 EL Butter und 4 EL Mehl eine helle Einbrenne machen, mit der Fleischbrühe und der Sahne ablöschen (eventuell noch ein wenig von der Kochbrühe zugießen); die Sauce soll dickflüssig sein. Mit Salz, weißem Pfeffer aus der Mühle und reichlich geriebener Muskatnuß würzen. Über den Lauch gießen. Mit geriebenem Käse bestreuen, darauf die restliche Butter in Flöckchen verteilen. Den Auflauf im vorgeheizten Backofen so lange garen, bis er gut heiß und die Oberfläche hellbraun ist.

Lauch wird oft auch als Porree bezeichnet. Als die Bevölkerungsstruktur noch weitgehend bäuerlich war, spielte er als Gemüse oder auch als billiges Würzkraut eine sehr viel größere Rolle als heute. Lauch wächst nämlich fast überall. Im milden Klima Badens kann man ihn sogar unbesorgt auch im Winter noch im Boden lassen. Er steht somit das ganze Jahr über zur Verfügung. Für kräftige Fleischsuppen ist er unerläßlich. Bereitet man ihn als Gemüse zu, so vermischt man ihn gern mit Kartoffeln, um den recht strengen Geschmack abzumildern. Eine ähnliche Technik wendet man bei der Zubereitung von Lauchsuppen an. Die berühmteste Lauchsuppe ist ein Star der internationalen Küche, die *Vichyssoise.* Das ist eine Suppe aus püriertem Lauch und Kartoffeln, mit Sahne verfeinert, die besonders gern eisgekühlt serviert wird. Am Oberrhein schätzt man Lauchtorte als herzhaften Imbiß. Wie auch im Porreeauflauf verhelfen Sahne und Käse dem Lauch zu einem angenehmen, milden Geschmack.
Die Beigabe von gekochten Ripple, die in Würfel geschnitten wurden, ist eine Verfeinerung, die man probieren sollte.

Leider sind die Ripple in Baden meist nicht so saftig wie etwa die, welche man in einer guten Frankfurter Apfelweinwirtschaft vorgesetzt bekommt. Dort wird das ganze gepökelte Rippenstück im Sud erhitzt, erst bei der Bestellung werden die einzelnen Rippchen (*Rippcher*) davon abgeschnitten. Im Badischen erhitzt man sie meistens einzeln. Für den Porreeauflauf spielt das jedoch kaum eine Rolle. Man kann auch anstatt Ripple gekochten Schinken nehmen oder gekochtes Schäufele.

Saure Kartoffelblättle

1 1/2 kg Kartoffeln
125 g Butterschmalz
2 Zwiebeln
4 EL Mehl
1/2 l kräftige Fleischbrühe
4 zerstoßene Pimentkörner
2 Lorbeerblätter
1 Nelke
Salz
Pfeffer
Essig nach Geschmack

Für die Pellkartoffeln nimmt man gern eine mehlig kochende Sorte, die dann nicht zu weich gegart wird. Noch warm schälen und in dünne Scheiben (Blättle) schneiden.
In einem Topf das Butterschmalz zerlassen. Die Zwiebeln sehr fein schneiden oder reiben und glasig dünsten. Das Mehl darüber stäuben und unter häufigem Rühren goldgelb anrösten. Mit der kalten Brühe ablöschen, alles gut verrühren. Pimentkörner, Lorbeerblätter, Nelke, Salz und Pfeffer nach Geschmack zugeben. Zugedeckt 15 Minuten sacht köcheln lassen. Dann durch ein feines Sieb über die Kartoffelblättle, über die man einige Spritzer Essig gegeben hat, gießen. Die Lorbeerblätter aus dem Sieb nehmen und wieder in den Topf geben. Noch etwas Essig zufügen. Zugedeckt bei kleiner Hitze weitere 15 Minuten sacht köcheln lassen. Sollte das Gericht zu dickflüssig sein, kann man noch wenig Brühe zugießen. Zum Schluß mit Salz und weißem Pfeffer aus der Mühle sowie Essig abschmecken. Das Gericht muß pikant säuerlich sein.
Dazu kann man schwarze Wurst (Bauernblutwurst) essen, die man entweder angebraten hat oder in den sauren Blättle heiß werden ließ.

Dieses Kartoffelgericht war und ist im badischen Raum recht beliebt. Es ist jedoch keine ausgesprochene Spezialität dieser Landschaft. Man kennt es in Schwaben als *saure Kartoffelrädle,* in der Pfalz kann man es als *sauer Sooß Grumbeere* finden, und in Hessen nennt man es *sauers Kartoffelgemies.* Immer handelt es sich um ein Rezept aus der Armeleuteküche, das in die bürgerliche Küche aufgestiegen ist.
Zu Fleischfrikadellen oder auch groben Bratwürsten schmeckt es ausgezeichnet. Man könnte es heute in die Kategorie der nostalgischen Gerichte einordnen, jener Speisen, die Erinnerungen an die Kinderzeit wecken. So mancher Mitbürger, der es zu was gebracht hat und sich häufig an Schlemmermahlzeiten delektiert, wünscht sich zuweilen solche sauren Kartoffelblättle als Abwechslung.
Wenn wir an die Küche früherer Zeiten denken, so helfen uns entweder die eigenen Jugenderinnerungen, vermischt mit Erzählungen der Eltern oder Großeltern, oder auch alte Berichte und Schilderungen. Hier ein Auszug aus jener Zeit vor einhundert oder mehr Jahren, ein Auszug aus einem sogenannten Leibgedingevertrag. Er wurde an der Grenze zwischen schwäbischem und badischem Gebiet bei Alpirsbach im Schwarzwald abgeschlossen. In ihm wird festgelegt, was die Eltern, die den Hof abgegeben hatten und für ihre alten Tage ins danebenliegende Leibgedingehüsli (im Schweizer Emmental das *Stöckli*) umgezogen waren, an Verpflegung zu bekommen hatten: »Jede Woche 12 Pfund halbweizenes Brot und 4 Pfund Rind- oder Bratenfleisch; jährlich 30 Pfund unverdorbener, gut geräucherter Speck; jährlich 12 Pfund Zucker und 10 Pfund Kaffee; alle Tage 1 Maß (1 Liter) Milch von der Kuh weg. Und Platz im vorderen Keller zur Legung eines Fasses von einem halben Ohmen (etwa 60 Liter) mit gutem, altem, weißem Wein.«
Bei dieser Form der Altersversorgung erübrigte sich dann wohl die Rentenanpassung.

Hotzenwälder Gratin

1 kg Kartoffeln
350 g Pfifferlinge
1 großer Bund Petersilie
1–2 Knoblauchzehen
1 mittelgroße Zwiebel
125 g Allgäuer Emmentaler Käse
80 g Butter
Salz
Pfeffer
1/4 l saure Sahne

Kartoffeln schälen und in dünne Scheiben schneiden. Pfifferlinge gut waschen, es darf kein Sand mehr anhaften, eventuell Stielenden entfernen, Pilze kleinschneiden. Petersilie hacken. Knoblauch schälen und zerdrücken, am besten durch eine Spezialpresse. Zwiebel schälen und fein würfeln. Käse raffeln.

Eine flache feuerfeste Auflauf- oder Gratinform mit der Hälfte der Butter ausstreichen. Eine Lage tropfnasse Kartoffelscheiben einlegen, salzen und pfeffern. Darauf Käse streuen und darüber ein Gemisch aus Pfifferlingen, Petersilie, Knoblauch, Zwiebel sowie Salz und Pfeffer.

Diese Schichtung ein- oder zweimal wiederholen. Die Kartoffeln sollten immer tropfnaß sein und müssen die oberste Schicht bilden.

Zum Schluß gießt man die saure Sahne darüber aus, lockert die Schichtung mit einem Messer, um etwas Flüssigkeit einsickern zu lassen, und setzt reichlich Butterflöckchen auf. Bei etwa 175° C im Ofen ungefähr 90 Minuten garen, bis die Kartoffeln weich sind und die Oberseite leicht gebräunt ist. Eventuell zeitweise mit Alufolie abdecken.

Dazu schmeckt ein grüner Salat und ein badischer Weißwein.

Der Hotzenwald ist eine Landschaft im Südteil des Schwarzwaldes, zum Hochrhein zwischen Waldshut und Bad Säckingen hin gelegen. Vor hundert Jahren noch sprach man vom Hauenstein, wenn man diese Landschaft meinte. Ihre Bewohner haben stets zäh am Althergebrachten festgehalten. Auch unter österreichischer Herrschaft ließen sie sich das nicht nehmen. Der Hotzenwald gehört zu den kleinen Gebieten, in die sich die Alemannen unter dem Ansturm der Franken zurückgezogen haben. So aufrecht die Hotzenwälder auch ihre Positionen immer verteidigten, so mißtrauisch können sie sein.

Man sagt, daß es schwierig sei, von ihnen ein klares Ja oder Nein zur Antwort zu bekommen. Vor hundert Jahren schrieb Karl Gustav Fecht in einer Beschreibung der Lebensweise der badischen Volksgruppen, daß man vom Hotzenwälder anstatt einer Entscheidung eher die Antwort erwarten muß: *»'s ka si, 's ka au it si.«* (Es kann sein, es kann auch nicht sein).

In einem jedoch ist auch der Hotzenwälder ein typischer Badener, er ißt gern und gut, und er nimmt bereitwillig kulinarische Anregungen von draußen auf. So konnte es zu diesem gar nicht hinterwäldlerischen Gratin kommen.

Weil es um Kartoffeln geht, hier noch ein Kartoffellied aus Baden.»Herbei, herbei zu meinem Sang,/Hansjörg, Michel, Stoffel/und singt mit mir das frohe Lied/dem Stifter der Kartoffel./Heidi, heida, Kartoffeln aus Amerika,/heidi, heida, Kartoffeln in der Scha(l)! Franz Drake hieß der brave Mann,/der vor zweihundert Jahren/von England nach Amerika/als Kapitän gefahren./Salat davon, gut angemacht,/mit Feldsalat durchschossen,/das wird mit großem Appetit/von jedermann genossen. Gebraten schmecken sie recht gut,/gesotten nicht viel minder;/Kartoffelklöße essen gern/die Eltern und die Kinder.«

Kartoffeltörtchen

Für den Teig:
300 g Mehl
150 g kalte Butter
1 Prise Salz
einige EL Eiswasser

Für die Füllung:
1 kg gekochte mehlige Kartoffeln
3 große Eier
1/2 Tasse angedünstete Zwiebelwürfelchen
150 g gekochter Schinken ohne Fettrand
3/8 l saure Sahne
Salz, weißer Pfeffer
gerebelter Majoran
Kümmel
Butterflöckchen

Aus den angegebenen Zutaten einen Mürbteig kneten, 1 Stunde im Kühlschrank ruhen lassen, dann dünn auswellen und Tortelettförmchen damit auslegen.
Die Kartoffeln durch die Presse drücken. Eier trennen und Eigelb mit dem Kartoffelbrei vermischen. Angedünstete, erkaltete Zwiebeln, kleingeschnittenen Schinken und saure Sahne zugeben. Alles zu einem Kartoffelteig vermengen. Mit Salz, Pfeffer, Majoran und Kümmel abschmecken. Eiweiß zu steifem Schnee schlagen, 1/3 davon in den Teig mischen, um ihn leichter zu machen, dann den Rest vorsichtig unterheben.
In die mit Teig ausgelegten Förmchen füllen, Butterflöckchen aufsetzen und bei 200° C im vorgeheizten Ofen ungefähr 1/2 Stunde backen. Die Kruste soll goldbraun werden.
Die Kartoffeltörtchen sind eine pikante Vorspeise und eignen sich ausgezeichnet als Imbiß zum Wein.

Südlich von Karlsruhe gibt es eine beliebte Mahlzeit, deren Name eine Besonderheit dieser Landschaften ist: *Z'Nüne* oder *Z'Nüni,* was auf hochdeutsch Neun-Uhr-Mahlzeit heißen müßte. Es ist allerdings mehr ein Imbiß. Am Nachmittag kennt man dann noch das *Z'Viere.* Solche Imbißsitten sind natürlich aus dem bäuerlichen Tagesablauf entstanden, der schon so früh begann, daß man um neun Uhr wieder einen rechtschaffenen Hunger hatte. Das traf für die Landbevölkerung überall in Europa zu, aber wohl nur in Baden und der benachbarten Schweiz hat man daraus ein richtiges, genüßliches Ritual gemacht. Es ist so fest im Bewußtsein verwurzelt, daß man selbst bei den heute grundlegend geänderten Arbeitszeiten den Namen Z'nüne nicht vergessen hat.
Und immer wenn es möglich ist, verschafft man sich auch heute noch diesen Zwischengenuß. Dazu könnten die Kartoffeltörtchen dienen, allerdings bei einem echten badischen Landmann sicher nicht für sich allein – etwas Fleisch oder Speck oder Wurst gehört schon noch dazu. Am Sonntag sollten es dann sogar saure Leber oder Nierle, vielleicht auch *Kuttele* sein. Mit den alemannischen Vettern in der Schweiz hat man einen Begriff bewahrt, der andernorts vergessen ist, das *Voressen.* Dieses Wort erklärt sich von selbst. Auch im Schwäbischen kennt man zahlreiche Rezepte für Genüsse dieser Art, spricht dann jedoch vom Vesper. Da gehaltvolle Zwischenmahlzeiten in den heutigen Lebens- und Arbeitsrhythmus nicht mehr so recht passen, sollte man tatsächlich die Kartoffeltörtchen vor allem als Häppchen zu Wein oder Bier reichen. Sie sind quasi eine deutsche Form der burgundischen *Gougères,* die aus Brandteig bestehen und so vorzüglich zum Wein passen, daß man sie in den Kellern der Hospices de Beaune bei den Vorproben zur großen Weinversteigerung anbietet.

Speckschwartenküchle

300–400 g frische Speckschwarte
1 mittelgroße Zwiebel
1 Handvoll Sellerieblätter
5 gehäufte EL Mehl
1 Ei
500 g Salzkartoffeln, gekocht und durchgedrückt
2 EL gehackte Petersilie
1 EL Schnittlauchröllchen
Salz
Pfeffer (Mühle)
2–3 EL Schmalz oder Butterfett

Speckschwarte in wenig Wasser bei kleiner Hitze in etwa 2 Stunden weich kochen. Zwiebel und Sellerieblätter nach der Hälfte der Garzeit zufügen. Die weiche Speckschwarte in ganz kleine Würfel schneiden oder durch den Fleischwolf (grobe Scheibe) drehen, ebenso die Sellerieblätter und die Zwiebel.

Drei EL Mehl mit etwas Sud glattrühren. Alles zusammen mit Ei und den durchgedrückten Kartoffeln vermengen. Mit Petersilie, Schnittlauch, Salz und Pfeffer würzen. Abschmecken.

Schmalz in der Pfanne erhitzen. Aus dem Kartoffel-Schwarten-Teig eigroße Kugeln formen, diese dann zu Küchlein platt drükken, leicht in restlichem Mehl wenden und zu goldbrauner Oberfläche von beiden Seiten braten. Diese Küchlein müssen sehr heiß gegessen werden. Ein grüner Salat gehört unbedingt dazu.

Dies ist ebenfalls ein Rezept aus der Armeleuteküche, die es natürlich zu allen Zeiten auch im Musterländle gegeben hat.

Der alte Herr Steurer aus dem Glottertal, von dem das Rezept für die Speckschwartenküchle stammt, meinte dazu: »In guten Zeiten haben wir die Schwarten für die Katze zerschnitten.«

Es ist nicht verwunderlich, daß in diesem Rezept viele Kräuter verwendet werden. Der reichliche Kräutergebrauch ist neuerdings zu einem Markenzeichen der Nobelgastronomie geworden, lange vorher schon war er bei den kleinen Leuten in Baden üblich. Kräuter kosteten nichts, die hatte man vor oder hinter dem Haus, und man konnte damit die einfachsten Zutaten in wohlschmekkende Speisen verwandeln. Anzumerken ist noch, daß man in Baden nicht Petersilie sagt, sondern *Peterle* oder *Peterling*. Bekommt das Wort dadurch nicht einen fröhlichen Klang?

Ein anderes Armeleuterezept, bei dem man besonders an die Alten dachte, die mit im Haus lebten, war die Brotsuppe, der Zwiebeln und aufgestreuter Peterling Geschmack gaben. Die Grundsubstanz war stets altes Brot, vor allem die harten Rinden, die manche Zähne nicht mehr beißen konnten.

Inzwischen ist die Heimat der Speckschwartenküchle, das Glottertal, keine arme, hinterwäldlerische Gegend mehr. Sie ist berühmt wegen ihrer Weine, von denen besonders der *Spätburgunder Weißherbst* einen sagenhaften Ruhm hat. Der dunkle Spätburgunder aus der Steillage *Roter Bur* muß zu den besten deutschen Rotweinen gezählt werden. Früher kamen neben Freiburger Studenten vor allem Feinschmecker und Weinfreunde ins Glottertal. Seit Mitte der achtziger Jahre strömte dann das deutsche Fernsehvolk ins romantische Tal, um die »Schwarzwaldklinik« einmal mit eigenen Augen zu sehen. Ein gewisser Professor Brinkmann war zum berühmtesten Schwarzwälder geworden.

Bodensee-Bratäpfel

Pro Person:
1 großer, säuerlicher Apfel

Den Apfel waschen, abtrocknen und den Blütenansatz entfernen. Mit einem spitzen Messer einen Trichter beim Stiel ausschneiden und diesen mit Messer oder rundem Ausstecher erweitern. Ist der Apfel nicht säuerlich genug, reibt man die Höhlung mit Zitronensaft aus. Dann gibt man eine der folgenden Füllungen hinein. Man macht zum Schluß kreisförmig im oberen Drittel einen Einschnitt, der beim Braten aufspringt und dem Apfel ein attraktives Aussehen gibt.

Großmutters Füllung
1 gehäufter TL grob zerbröselter Zwieback
1/2 TL eingeweichte Korinthen
1 TL brauner Zucker
1 kleines Stück Butter

Alles miteinander vermischen, einfüllen, Butterflöckchen aufsetzen.

Feine Füllung
1/2 TL fein zerbröselter Zwieback
1 bohnengroßes Stück kandierter Ingwer, kleingeschnitten
1 TL Mandelblättchen
1/2 TL kleingewürfeltes Orangeat
1 kleine Prise Currypulver
1 TL Bienenhonig
1 kleines Stück Butter

Alles miteinander vermischen, einfüllen. Butterflöckchen aufsetzen.

Obstlerapfel
2 TL Obstbranntwein
1 TL Rosinen
1 TL zerbröseltes Marzipan
Butterflöckchen

Obstler in die Höhlung gießen, einziehen lassen. Rosinen mit Marzipan vermischen, einfüllen. Butterflöckchen aufsetzen.

Als die Zentralheizung ihren Siegeszug antrat, war es mit der Gemütlichkeit der Kachelöfen vorbei. Und damit schien auch das Ende der winterlichen Bratapfelherrlichkeit gekommen. Es gab keine eisernen Türle mehr, hinter denen man im Ofenrohr die Äpfel zu heißen Köstlichkeiten schmurgeln ließ. Und dann der Duft, den sie in der guten Stube verströmten!

Man kann die Äpfel natürlich auch im Backofen braten. Dabei sollte man sie in eine feuerfeste Unterlage setzen. Es gibt sogar spezielle Bratapfelgefäße mit Deckel aus Keramik. Im Mikrowellengerät kann man Äpfel auch sehr gut braten. Dazu braucht man ein mikrowellengerechtes Geschirr, das offen sein kann. Man sollte immer auf höchste Energie schalten. Ein mittelgroßer Apfel braucht dann etwa 5 Minuten.

Die genaue Zeit hängt von der Sorte des Apfels ab, deshalb behält man ihn am besten immer im Auge, denn er soll ja nicht zu musig werden.

Im konventionellen Backofen deckt man die Bratform mit den Äpfeln gern zu und schaltet auf 180 ° Celsius. Die Garzeit beträgt dann ungefähr 40 Minuten. Auch hier lohnt es sich aufzupassen.

Im Badischen umgießt man die Äpfel häufig mit etwas Wein. Dabei streiten sich die Kenner, ob das Gutedel, Riesling oder gar Gewürztraminer sein soll. Das bedeutendste badische Apfelgebiet liegt am Bodensee. Im Herbst sitzen überall entlang der Uferstraße Bäuerinnen mit Körben voll ihres rotbackigen Erntesegens, den sie zum Verkauf anbieten. 120 000 Tonnen Äpfel werden alljährlich in der Bodenseeregion geerntet. Leider hat die Sorte *Golden Delicious* überhandgenommen. Sie wird jedoch wieder mehr und mehr von den traditionellen Sorten *Boskop, Gloster* und *Jonagold* bedrängt. Besonders gute Bratäpfel sind der Boskop und der *Berlepsch.*

Freiburger Waffeln

100 g Butter
250 g Mehl
8 Eier
1/4 l saure Sahne
1 EL Zucker
1/4 TL Salz
abgeriebene Schale 1/2 Zitrone
Speckschwarte
Puderzucker

Die Butter wird so lange gerührt, bis sie cremig, ja fast schon schaumig ist. Dazu werden dann nacheinander und eßlöffelweise Mehl, Eier und saure Sahne sorgfältig und intensiv eingerührt. Zum Schluß kommen noch Zucker, Salz und die abgeriebene Zitronenschale hinein, die zwar einen aparten Geschmack geben soll, jedoch nicht dominieren darf.
Sollte der Teig zu dick geraten sein, verdünnt man ihn noch mit etwas mehr saurer Sahne oder auch nur mit Milch. Waffeleisen mit Speckschwarte bestreichen, Teig in kleinen Portionen eingießen und goldbraun backen. Sofort mit reichlich Puderzucker bestäuben und heiß essen.

Dieses Rezept stammt aus einer alten Freiburger Familie, in der es seit Generationen beliebt ist. Die Breisgaumetropole, die ja einst Hauptstadt des vorderösterreichischen Gebietes war und von der Markgrafschaft durch eine Grenze getrennt wurde, kennt viele überlieferte Rezepte für Backwerk und Süßigkeiten. Sollte da die Donaumonarchie noch nachwirken? Mehrere alte Kochbücher, die von Freiburgerinnen geschrieben und in Freiburg schon im frühen 18. Jahrhundert verlegt wurden, beweisen die dortige Vorliebe für Süßes.
Welchen Aufwand man schon vor dieser Zeit in Baden für das Dessert trieb, bezeugt eine Überlieferung aus dem 16. Jahrhundert, die lehrt, wie man Weintrauben auf verblüffende Weise haltbar machte. Man tauchte sie in eine dickliche Lehmbrühe und hängte sie dann in Zugluft, bis der Lehmmantel trocknete. Wollte man die Trauben verzehren, so wusch man den Lehm vorsichtig ab.
Natürlich war die Obstkonservierung mittels Trocknung am weitesten verbreitet. Eine Besonderheit Badens stellen dabei die *Schnitz* dar, die noch heute als gedörrte Birnenstücke zu erwerben sind. Man kann sie in der Vorweihnachtszeit überall kaufen, denn sie sind Hauptbestandteil der *Schnitzbrote,* die im Schwäbischen auch als *Hutzelbrote* bekannt sind.
In Freiburg und dem umliegenden Land kennt man die *Bettmümpfeli,* womit man kleine süße Häppchen bezeichnete, längst ehe die moderne Hotellerie die Betthupferle erfand, die der Gast heute oft auf dem Kopfkissen findet. Erstaunlich ist auch, daß die Waffelbäckerei früher viel mehr verbreitet war als heute. Wo doch der Aufwand einst sehr viel größer war, denn es gab keine elektrischen Hilfen fürs Teigrühren, und die schweren Waffeleisen mußten immer wieder neu erhitzt werden. Beschichtet waren sie auch nicht, dafür hatte man aber genügend Speckschwarte. Und den Puderzucker mußte man sich lange Zeit selbst im Mörser zerreiben, und sündhaft teuer war er überdies noch bis vor 150 Jahren. Da half man sich in der Regel mit Honig und Sirup.

Weincremes

Weincremes sind in allen deutschen Weinlandschaften beliebte Desserts als Saucen zu Obst und Gebäck. In Baden ißt man Weinschaumsauce gern zu Kartäuserklößen (abgeriebene Weckle, in Milch und Eigelb eingeweicht, dann paniert und schwimmend ausgebacken). Auch zu den *Pfittele* (Rezept Seite 168) genannten Krapfen ist Weinschaumsauce eine beliebte Beigabe.

Früher hat man, vor allem in den armen Berggegenden Badens, diese Weincreme mit Most (aus Äpfeln und Birnen gekeltert) zubereitet. Der dadurch gegebene herbe Geschmack ist sehr pikant. Man braucht ein wenig mehr Zucker, auf die abgeriebene Zitronenschale kann man dafür verzichten.

Heutzutage wird mit der Weinwahl für Cremes ein beträchtlicher Aufwand getrieben. In Baden, wo es nur wenige der sehr bukettreichen Rebneuzüchtungen gibt, verläßt man sich auf den guten alten Gewürztraminer. Jene Tropfen, die ein so starkes Aroma haben, daß sie der Weinkenner nur noch bedingt schätzt.

»Echte« Weincreme

6 Eigelb
100 g Zucker
1/4 TL abgeriebene Zitronenschale
gut 1/4 l aromatischer Weißwein (Gewürztraminer oder eine der bukettreichen Neuzüchtungen)

Eigelb mit dem Zucker cremig rühren. Das Gefäß in einen Topf mit heißem, nicht kochendem Wasser setzen, den Wein und die abgeriebene Zitronenschale zufügen und so lange mit dem Elektrohandrührer rühren, bis ein lockerer Schaum entstanden ist. Sofort servieren, denn die echte Weincreme hat den Nachteil, daß sie beim Erkalten zusammenfällt.

Kalte Weincreme

4 Eigelb
4–5 EL Zucker
abgeriebene Schale 1/2 Zitrone
1/4 l aromatischer Weißwein
6 Blatt weiße Gelatine
1/4 l süße Sahne

Eigelb, Zucker, abgeriebene Zitronenschale und die Hälfte des Weins im Wasserbad zu Schaum schlagen. Im Rest des Weins, der erhitzt wurde, die in etwas kaltem Wasser eingeweichte Gelatine auflösen und in die Creme rühren. Nochmals gut schlagen. Dann in Eiswürfel setzen und bis zum Erkalten weiterschlagen. Die Sahne gesondert steif schlagen und unter die erkaltete Weincreme rühren, ehe diese stockt. In Gläser oder Schälchen füllen, eventuell mit Weinbeeren belegen und mit Löffelbiskuits servieren.

Birnen in Spätburgunder

4 feste Birnen
Saft einer Zitrone
1/2 l Spätburgunder Rotwein
125–175 g Zucker
2 Nelken
1/2 Zimtstange

Birnen schälen, nicht zerteilen und Stiele dranlassen. Sofort mit Zitronensaft einreiben.
Rotwein mit der gewünschten Zuckermenge, die sich nach dem persönlichen Geschmack und der Säure des Weines richtet, zum Kochen bringen. Mit Nelken und Zimt würzen.
Die Birnen einlegen und den Zitronensaft, der sich gesammelt hat, zugießen. Es ist ratsam, ein Gefäß zu verwenden, das einen Durchmesser hat, der es erlaubt, alle Birnen zugleich einzulegen beziehungsweise hineinzustellen; nur so reicht die angegebene Weinmenge aus, um die Früchte zu bedecken.
Die Birnen 30–60 Minuten bei kleiner Hitze köcheln lassen. Dabei zugedeckt halten. Je nach Härte der verwendeten Birnen verlängert sich die Garzeit. Laufend prüfen, damit die Birnen nicht zu weich werden und zerfallen. Im Sud erkalten lassen. Zimt und Nelken herausnehmen. Die Birnen gekühlt oder bei Zimmertemperatur auf Schälchen verteilen, dabei aufrecht stellen und mit dem Sud, den man eventuell noch etwas einkochen lassen kann, begießen. Dazu Feingebäck oder Schnitten von Biskuitkuchen reichen. Das Dessert kann einige Tage vorher zubereitet und im Kühlschrank aufbewahrt werden.

Man könnte fast auf den Gedanken kommen, daß man in Baden die Birnen nur anbaut, um sie zu *Schnitz* zu trocknen, die man anschließend zum *Schnitzbrot* verarbeitet, das man im Alemannischen liebevoll als *Bierewecke* bezeichnet.
Früher wurden die Schnitz im Haus getrocknet und dann in Säckchen aufbewahrt. Man kochte sie auch zu Kompott, das man zu Reis- oder Grießbrei oder auch zu Nudeln reichte.
Birnen, Äpfel und Zwetschgen wurden meist im Backofen gedörrt. Früher hatte man sogar auf dem Dachboden eigene Schnitztröge, die aus Holz gefertigt waren und gesonderte Fächer für die verschiedenen Obstsorten aufwiesen. Unsere Großmütter wußten sehr gut, wie hilfreich das Dörren von Früchten war. Es schaffte nicht nur den dringend benötigten Wintervorrat, sondern bewahrte auch das Aroma erstaunlich gut.
Das mittlere Murgtal um Gaggenau und Gernsbach wurde wegen seines Obstreichtums auch Schnitztal genannt.
Doch ein Wort verdienen auch noch die frischen Birnen. Sie haben ein ungewöhnlich feines Aroma und eine herrliche Saftfülle, wenn man sie frisch vom Baum ißt. Beide Eigenschaften sind inzwischen weitgehend verlorengegangen bei Birnen, die wir im Handel kaufen. Schuld sind nicht etwa schlechtere Sorten, sondern der Umstand, daß sich Birnen, wenn sie vollreif sind, kaum lagern oder transportieren lassen. Also werden sie unreif geerntet, können dann aber trotz mancher Tricks bei der Lagerung nicht mehr ihren vollen Wohlgeschmack erlangen.
Wer kennt noch die einstmals berühmten Birnensorten? – Da gibt es die glokkenförmigen, würzigen *Gellerts Butterbirnen,* die kleinen, rotbäckigen *Gute Luise,* die dickbauchige, aromatische *Clapps Liebling.* Die einzige Birnensorte, die heute jedermann ein Begriff ist und sich höchster Wertschätzung erfreut, ist *Williams Christ,* deren Karriere in flüssiger Form von den alemannischen Obstbrennern begründet wurde.

Pfittele

1/4 l Milch
50 g Butter
150 g Mehl
1/2 TL Backpulver
5 Eier, zimmerwarm
Ausbackfett
4 EL feiner Zucker
1 TL Zimtpulver

Milch mit Butter zum Kochen bringen. Mehl mit Backpulver vermischen und sofort in die siedende Milch schütten. Kurz von der Herdplatte ziehen, ständig rühren, wieder auf die Herdplatte zurückschieben. Es muß sich ein Kloß bilden und auf dem Topfboden ein weißer Film erscheinen. Jetzt den Teigkloß in eine Rührschüssel umfüllen. Ein wenig abkühlen lassen, dann nacheinander die Eier kräftig in den Teig einrühren; das nächste Ei immer erst dann folgen lassen, wenn das vorhergehende völlig eingearbeitet ist. Es kann sein, daß man 1 Ei weniger oder mehr braucht, das hängt von deren Größe ab. Wenn der Teig glänzt, so ist das ein Zeichen, daß er genügend Eier aufgenommen hat. Mit einem nicht zu großen Eßlöffel walnußförmige Stücke abstechen und im siedenden Fett bei etwa 160° C ausbacken. Vom Geräusch, das beim Einlegen entsteht, leitet sich der Name des Gebäcks her. Nach dem Einlegen die Pfittele *leicht hin- und herbewegen, jedoch erst umdrehen, nachdem die Unterseite goldbraun und der Teig aufgebläht ist. Auf Küchenkrepp entfetten. Noch heiß im Zimtzucker wälzen und sofort servieren. Dazu ißt man gern eine Weincreme (Rezept Seite 164), zuweilen aber auch Kompott oder Birnen in Spätburgunder (Rezept Seite 166).*

Will man von badischer Bäckerei schreiben, so kann es nicht anders als kunterbunt durcheinander gehen. Die *Linzer Torte* wird an anderer Stelle gewürdigt, der *Gugelhupf* fand Erwähnung, ebenso die *Waffeln* und die *Speckschwartenküchle.* Für die weltberühmte *Schwarzwälder Kirschtorte* folgt ein erprobtes Rezept, ebenso für die volkstümlichen *Schenkele.* Auch für verschiedene Obstkuchen, die man im Südwesten besonders schätzt, werden Backanleitungen gegeben. Zu erwähnen sind noch die *Strübli* (Strauben), ebenfalls ein beliebtes Schmalzgebäck. Die *Hügelsheimer Pfannkuchen* (Rezept Seite 64) sind eine besonders aparte Variation davon.
Vielerlei Formen können die Fasnachtsküchle haben, die während der närrischen Tage noch immer so wichtig sind wie die Blasmusik. Ähnlich sind auch die *zogene Küchle* der Baar. In der gleichen Gegend gibt es die *gewellte Küchle,* die jedoch ohne Hefe auskommen müssen.
Berühmtes Weihnachtsgebäck sind die *Springerle* oder die *Ausstecherle,* die im alemannischen Sprachraum oft auch *Weihnachtsbrötli* heißen. Natürlich gehören zum Gebäck auch die großen, süßen Brezeln, die besonders zu Neujahr jung und alt erfreuen. Zum Nikolaustag haben die aus gleichem Teig hergestellten *Weckmänner* Hochsaison. Merkwürdigerweise benutzt man diesen Namen im Norden und im Süden Badens, dazwischen, etwa von Karlsruhe bis Offenburg, spricht man jedoch vom *Dambedai,* ein Wort, das in anderen Landesteilen unbekannt ist.
Zum Backwerk muß man auch den *Pfitzauf* rechnen, der aber wohl aus dem Schwäbischen stammt. Vielleicht wird er in Baden häufiger gefüllt zubereitet. Vor allem zur Kirschenzeit gibt es noch heute in ganz Baden *Kirschplotzer,* den man allerdings unter fast gleichem Namen auch in der Pfalz und in Hessen kennt. Die alten Rezepte, die dafür kirschwassergetränktes Schwarzbrot vorschreiben, sind nicht mehr sonderlich beliebt, man zieht eingeweichtes Weißbrot vor. Wichtig aber ist nach wie vor, daß die Kirschen auch noch im Kuchen schön saftig sind.

Süßer Reisberg

150 g Reis
gut 1/2 l Milch
1 kleine Prise Salz
abgeriebene Schale 1/2 Zitrone
1 1/2 Päckchen Vanillezucker
etwa 200 g Zucker
frische oder eingekochte Früchte
5 Eiweiß
100 g Mandelstifte
einige kandierte Früchte nach Belieben

Reis zweimal in einem Sieb kurz in einen Topf mit sehr viel siedendem Wasser tauchen. Abtropfen lassen und zusammen mit Milch, Salz und abgeriebener Zitronenschale weich kochen – je nach Sorte etwa 15–25 Minuten. Vom Feuer nehmen und nach Geschmack mit 1/2 Päckchen Vanillezucker und etwa 150 g Zucker süßen. In einer feuerfesten, tortengroßen Form eine Lage Reis ausbreiten. Mit einer Lage Früchte überziehen, dann wieder Reis und Früchte einschichten. Die letzte Lage muß Reisbrei sein. Eiweiß mit 1 Päckchen Vanillezucker und restlichem Zucker zu steifem Schnee schlagen und damit den aufgeschichteten Reisberg überziehen. Den Eischnee mit Mandelstiften spicken und eventuell mit kandierten Früchten dekorieren. Auf eine doppelte Lage Aluminiumfolie setzen und bei starker Oberhitze zu goldbrauner Farbe überbacken. Sofort auftragen.
Als Früchtefüllungen sind beliebt: frische Apfelsinen, quer in Scheiben geschnitten, entkernt und gezuckert; oder Kompott aus Pfirsichen oder halbierten Mirabellen; auch in Wein gedünstete Apfelstückchen mit und ohne Rosinen sind möglich.

Reis ist nun wirklich kein badisches Produkt. Die Frage ist jedoch, ob er einen Platz unter den badischen Spezialitäten verdient. Als Beilage hatte es der Reis immer schwer, sich durchzusetzen. Schließlich behaupten da unangefochten die Teigwaren ihren Platz, vor allem die breiten Nudeln und die verschiedenartigen Spätzle und Knöpfle. Der Reis hat seinen großen Vorzug als Beilage durch die unaufdringliche, neutrale Geschmacksnote, die sich vielen Hauptgerichten problemlos anpaßt. Aber gerade das kann man auch von Teigwaren sagen.
Als fremdländische Abwechslung fand der Reis jedoch Eingang in die badischen Küchen. Oft kamen die Rezepte über die Schweiz aus Italien. Die Experimentierfreude der Köchinnen am oberen Rhein fand Gefallen am Risotto, der mit landesüblichen Produkten abgewandelt wurde. Auch an Reisbällchen mit verschiedenartigen Füllungen versucht man sich gelegentlich.
Am beliebtesten wurde der Reis hier jedoch als Grundzutat für Süßspeisen. Die Rezepte dafür – oder jedenfalls die Rezeptanregungen – kamen aus Österreich. So wurde zum Beispiel der *Reis Trauttmansdorf* (gestürzter Reispudding mit eingearbeiteten Früchten und Sahneverzierung) einstmals fast schon zu einer badischen Nationalnachspeise. In letzter Zeit findet man ihn gelegentlich wieder innerhalb größerer Menüs in badischen Hotels oder Nobelrestaurants. Ansonsten teilte der Reis Trauttmansdorf das Schicksal des Reispuddings, der früher in jeder Familie zu finden war: Man bereitet ihn nur noch selten zu. An seine Stelle traten die bequemen Fertigpuddings. Sie verdrängten auch die einstmals heißgeliebten Grießspeisen, die – ebenso wie der Reispudding – so köstlich zu den vielfältigen Kompotts aus heimischen Früchten schmecken. Und natürlich auch zu Weincremes (Rezept Seite 164).

Bühler Zwetschgenparfait

600 g Zwetschgen
3 EL Pflaumenmus
2 EL Zitronensaft
75 g brauner Zucker
1 Prise Nelkenpulver
6 cl (3 kleine Gläschen) Zwetschgenwasser
1/10 l Wasser
100 g Zucker
5 Eigelb
1/4 l süße Sahne

Zwetschgen entsteinen und halbieren. In der Küchenmaschine zusammen mit Pflaumenmus, Zitronensaft, braunem Zucker, Nelkenpulver und dem Zwetschgenwasser pürieren.
Wasser und Zucker unter Rühren ungefähr 5 Minuten lang zu Läuterzucker kochen. Eigelb im Wasserbad mit diesem Läuterzucker, der ganz leicht abgekühlt sein muß, sehr cremig schlagen. Nach und nach – immer noch im Wasserbad – das Fruchtpüree in diese Creme einarbeiten. Alles zusammen dann in einen Topf mit vielen Eiswürfeln setzen und so lange rühren, bis die Masse kalt ist.
Sahne steif schlagen. 1/3 davon unter die Zwetschgencreme rühren, den Rest vorsichtig, aber doch gründlich unterheben. In Förmchen füllen und im Tiefkühlfach mindestens 6 Stunden erstarren lassen. 1/2 Stunde vor dem Servieren herausnehmen.

Was soll Gefrorenes in einem Buch mit regionalen Spezialitäten? Die Frage ist berechtigt, denn in der Bauernküche spielte Speiseeis der verschiedensten Art nie eine Rolle. Und doch wurden diese gefrorenen Leckereien gar nicht so selten von ehemaligen Herrschaftsköchinnen, die in Küchen der obersten Stände gewirkt hatten, auch in bäuerliche oder kleinstädtische Haushalte gebracht. Und dann begnügte man sich natürlich nicht mit dem nichtssagenden Ausdruck Eis, sondern wählte das viel vornehmere *Parfait.*
Die segensreiche Haushaltsschule des Badischen Frauenvereins in Karlsruhe lehrte schon im vorigen Jahrhundert die Speiseeiszubereitung. Selbstverständlich erfolgten derartige Unterweisungen auch bei den Kochkursen, die die Markgräfin für die Töchter des Adels in Baden-Baden veranstaltete.
Im Kochbuch, das der Haushofmeister Joseph Willet 1834 in Karlsruhe veröffentlichte, stehen über 30 Rezepte für »Gefrornes«, wie er das diesbezügliche Kapitel überschrieb. Da finden sich Herstellungsanweisungen für Wassereis aus allen nur erdenklichen Früchten, darunter auch *Johannisbeer-Gefrornes.* Auch Ananaseis fehlt nicht. Unter den sahnigen Sorten finden wir *römischen Punsch, Kirschwasser-Gefrornes* sowie die Geschmacksrichtungen Malaga, Vanille, *Chocolade, Karmel,* Mandel, Zimt, *Caffee* und *Wiener Punsch.* Sehr ausgefallen und heute längst vergessen ist das *Kindsbrei-Gefrorne,* zu dem die Hälfte eines sahnigen Kinderbreis gefroren wird, während man den anderen Teil in Butter anbrät, zu Kratzete zerreißt, abkühlen läßt und dann die Stücke über dem Eis anrichtet.

Vanilleeis mit Brombeeren

4 Portionen Vanille- oder Rahmeis
Schlagsahne nach Belieben
4 Tassen Brombeeren
2 Gläschen Kirschwasser
oder Heidelbeergeist

Als Beilage:
Hippengebäck, trockenes Feingebäck oder Löffelbiskuits

Eis auf 4 breite Becher oder Schalen verteilen. Je 1 Schlagsahnehäufchen auf das Eis setzen. Brombeeren mit Kirschwasser oder Heidelbeergeist beträufeln und um das Eis verteilen; eine besonders schöne Brombeere oben auf das Sahnehäubchen setzen. Ist die Speise für Kinder bestimmt, so vergißt man die alkoholische Zutat.
Dafür erwärmt man die Brombeeren bei kleiner Hitze und verteilt sie mitsamt dem Saft, den sie gezogen haben, um das Eis. Man kann beim Erhitzen auch etwas Zukker über die Beeren streuen, dann ziehen sie mehr Saft. Am besten schmeckt diese köstlichste aller Eis-Frucht-Kompositionen, wenn man wilde Brombeeren verwendet, die ein besonders starkes Aroma haben.

In den badischen Landen wirkt eine große Zahl von Spitzenköchen. Zum Erntedankfest lädt der Badische Weinbauverband seit Jahren nach Freiburg ein. Am Nachmittag findet eine Podiumsdiskussion statt. Und es ist typisch für diese Region, daß auf dem Podium stets auch Vertreter(innen) der Gastronomie des Elsaß und der Schweiz sitzen. Blickt man sich aber im Saal um und nennt die Namen der dort Anwesenden, so ist das ein *Who's who* der gesamtdeutschen Gastronomie. Abends beim Galadiner kochen ein halbes Dutzend Spitzenköche aus dem Badischen das Menü, das einmal auch mit »Vanilleeis mit Brombeeren« endete.
Der in ganz Deutschland verehrte Altmeister unter den badischen Köchen ist Rudolf Katzenberger aus Rastatt. Sein Restaurant hat er jüngeren Händen anvertraut, er selbst aber reist noch immer durch die Lande und nimmt eine Vielzahl von Ehrenämtern wahr.
Der berühmteste aller deutschen Kochkünstler war jedoch Alfred Walterspiel. Er lernte und lehrte überall in der Welt, kochte noch für den Kaiser, leitete in Berlin das berühmte Restaurant Hiller und verhalf nach dem Krieg dem Hotel »Vier Jahreszeiten« in München zu größtem kulinarischem Ruf.
Alfred Walterspiel wurde in einem Weindorf der Ortenau geboren, in Steinbach, das heute ein Ortsteil von Baden-Baden ist. Die erste berufliche Station des Meisters war Baden-Baden, wo er seine Karriere als »wohlbestallter Konditor am Ostersonntagmorgen 1898 begann«. Er beantwortete die Frage, wie er denn zum Kochen kam, so: »Die Mutter und ihr gutes Kochen waren daran schuld.« Das handgeschriebene Rezeptbuch seiner Mutter ist heute übrigens im Besitz von einem der renommiertesten in Baden wirkenden Küchenchefs, dessen Frau eine geborene Walterspiel ist.

Schwarzwälder Kirschtorte

Für den Boden:
6 Eier, 175 g Zucker, 120 g Mehl
40 g Stärkemehl, 40 g Kakaopulver
2 EL gemahlene Mandeln
1 Prise gemahlener Zimt
1 kleine Prise Nelkenpulver
40 g flüssige Butter

Für die Füllung:
knapp 500 g Sauerkirschen (Glas)
1 EL Zitronensaft, 4 EL Stärkemehl
10 EL Zucker, 3/4 l süße Sahne

2 Gläschen Kirschwasser
Schokoladenspäne zum Bestreuen

Eier und Zucker im Wasserbad cremig schlagen, auf Eiswürfeln so lange weiterschlagen, bis die Masse abgekühlt ist. Mehl mit Stärkemehl, Kakao, Mandeln, Zimt und Nelken vermischen. Mit der Eiercreme verrühren. Zum Schluß abgekühlte Butter einarbeiten. In einer Springform (26 cm) bei 180° C etwa 35 Minuten bakken. Abkühlen lassen. Zweimal durchschneiden.
Sauerkirschen abgießen. Vom Saft 1/4 l mit Zitronensaft vermischen und aufkochen. Kalt angerührtes Stärkemehl zusammen mit 4 EL Zucker einrühren und noch 1 Minute kochen lassen. Sauerkirschen unterheben (einige Kirschen zum Garnieren zurückbehalten). Erkalten lassen. Sahne mit 6 EL Zucker zu steifem Schnee schlagen. Den untersten Boden dünn mit Sahne bestreichen, darauf 3 oder 4 Sahneringe mit dem Spritzbeutel auftragen. Dazwischen Kirschmasse verteilen. Zweiten Boden aufsetzen, leicht andrücken. Mit Kirschwasser bespritzen. Dann mit Sahne bestreichen und dritten Boden auflegen, andrücken. Wieder mit Sahne bestreichen, ringsum Sahnerand anspritzen. Kirschen zur Garnitur aufsetzen. Innenraum mit Schokoladenspänen bestreuen.

So groß die Achtung auch sein mag, die man der Koch- und Backkunst der badischen Hausfrauen entgegenbringt, bei diesem Rezept kommen einem Zweifel, ob es aus der Familienküche stammen kann. Die Schwarzwälder Kirschtorte wurde sicherlich von Profis, von Konditoren, Pâtissiers erfunden. Wahrscheinlich erst in diesem Jahrhundert. Den eigentlichen Erfinder kennt man nicht. Vielleicht hat sich das Rezept auch erst nach und nach entwickelt. Das einzig richtige Rezept für die Schwarzwälder Kirschtorte gibt es ebenfalls nicht. Charakteristisch sind zwei oder drei Schichten aus Schokoladenmasse. Zur Sahne kommt zuweilen noch Schokoladencreme. Auch wird der größeren Festigkeit wegen oft ein dünner Boden aus Mürbteig untergelegt. Wer kräftigen Geschmack liebt, aromatisiert die Kirschen und einen der Böden mit Kirschwasser, das dann meist mit etwas Läuterzucker vermischt wurde. Ob der Rand mit Sahne oder Creme bestrichen wird oder frei bleibt, ist jedem selbst überlassen.
Ganz erstaunlich ist die Karriere dieser Torte. Man findet sie heute in aller Welt. Ob der Wohlgeschmack der Grund für diese Popularität ist oder die romantische Vorstellung, die sich mit dem Begriff Schwarzwald verbindet – wer vermag das zu sagen? Leider hat die Popularität stets ihre negativen Seiten, auch bei der Schwarzwälder Kirschtorte. Es ist unvorstellbar, welche Machwerke unter diesem Namen durch die Restaurants der Welt geistern.
Und nun – nur Mut, meine Damen und Herren, das Rezept ist einfacher, als es auf den ersten Blick erscheint! Und – wie gesagt – Variationen sind in Grenzen erlaubt.

Linzer Torte

300 g Mehl
250 g Zucker
150 g gemahlene Mandeln oder Haselnüsse
2 EL Kakaopulver
abgeriebene Schale einer Zitrone
je 1 Prise Zimt- und Nelkenpulver
200 g kalte Butter
1 Ei
einige EL kaltes Kirschwasser
2 Tassen Johannisbeer- oder Himbeermarmelade
1 Eigelb zum Bestreichen

Mehl mit Zucker, Mandeln, Kakao, Zitronenschale, Zimt und Nelken vermischen. Auf ein Backbrett geben, die kalte Butter in Scheibchen darauf setzen und mit dem Messer unter die Mehlmischung hacken. In eine Rührschüssel füllen, das Ei zugeben und mit dem Löffel oder Knethaken des elektrischen Handrührers einarbeiten. Damit der Teig sich ballt, einige EL Kirschwasser zugeben. Diesen Mürbteig mindestens 1 Stunde in den Kühlschrank legen. Dann auf bemehltem Brett von der Hälfte einen Boden ausrollen und in eine 24-cm-Springform drücken. Keinen Rand hochziehen. Boden mit Marmelade bestreichen, wobei man auch die beiden genannten Sorten mischen kann. Den restlichen Teig ebenfalls auswellen und daraus Streifen schneiden. Einen etwas breiteren Streifen ringsum als Rand auf die Füllung drücken. Mit den schmaleren Streifen ein Gitter legen. Das Eigelb mit 1 EL kaltem Wasser verrühren und damit die Oberseiten der Streifen bestreichen. Im vorgeheizten Ofen bei 175° C etwa 1 Stunde backen. Die Torte sollte dann frühestens nach 2 oder 3 Tagen angeschnitten werden. Ihr Wohlgeschmack reift langsam, sie hält sich lange.

Fragt man einen Badener, vor allem einen aus der Freiburger Gegend, nach den kulinarischen Spezialitäten seiner Heimat, so wird er gleich eine ganze Reihe aufzählen und bestimmt auch die *Linzer Torte* nennen. Es fällt ihm dabei wahrscheinlich gar nicht auf, daß Linz an der Donau und in Österreich liegt. Weist man ihn auf diesen Umstand hin, so antwortet er mitleidig lächelnd mit einem: »Ja, ja, aber . . .« Und dann wird erklärt, daß schon die Mutter und die Großmutter und viele Mütter davor Linzer Torte gebacken hätten. Das sei eben eine badische Spezialität. Und von wegen Österreich, man wäre ja hier bis kurz nach 1800 selber österreichisch gewesen. Jahrhundertelang. Und Freiburg war die Hauptstadt Vorderösterreichs. Und damit hat der Fremde seine Lektion weg. Er hat an einem berühmten Beispiel erfahren, wo überall die Wurzeln der badischen Kochkunst liegen können.

Interessant ist, daß die Linzer Torte als regionale Spezialität den Rhein nicht überschritten hat. In einem umfangreichen Kochbuch, das 1811 im linksrheinischen Mülhausen erschien und kaum eine der oberrheinischen Spezialitäten ausließ, findet sich kein Rezept für Linzer Torte. Beachtenswert scheint für die badische Version, daß sie zur verzierenden Abdeckung nicht einfach ein Gitterwerk vorschlägt, sondern eine Art Blattwerk. Dazu sticht man aus einer Teigplatte mit einem Wasserglas Kreise aus, aus denen man mit dem selben Glas spitze Ovale abtrennt, die dann zum Rand hin zu Streifen zusammengesetzt werden.

Schenkele

4 Eier
200 g Zucker
100 g sehr weiche Butter
1 kleine Prise Salz
1 Gläschen Rosenwasser
etwas abgeriebene Zitronenschale
400 g Mehl
Ausbackfett
feiner Zucker zum Bestreuen

Eier mit Zucker schaumig rühren, dann nacheinander Butter, Salz, Rosenwasser und Zitronenschale einarbeiten. Man kann anstatt Rosenwasser auch heimische Brände, also Zwetschgenwasser oder Himbeergeist, nehmen. Mehl dazu sieben und unter die Masse kneten. 2 Stunden ruhen lassen. Dann daraus fingerlange und daumendicke Röllchen formen, die an beiden Enden etwas zugespitzt werden.
Im Fett schwimmend bei nicht zu großer Hitze, also bei etwa 170° C, ausbacken. Die Schenkele müssen goldbraun werden und dürfen dabei ruhig etwas aufplatzen. Noch heiß mit ganz feinem Zucker bestreuen.

S*chenkele* sind ein Gebäck, das man während des ganzen Jahres genießt. Es gehört zu dem früher besonders beliebten Schmalzgebäck. Butter ist zum Ausbacken nicht geeignet, Öl war nicht so allgegenwärtig und wohlfeil zu haben wie heute, außerdem hatte es oft einen Beigeschmack. Ausbackfett war also Schmalz. Die hohe Zeit des Schmalzgebackenen war die Fasnachtszeit. Da gab es dann flache *Scherben, Sträublein* und all die verschiedenen Formen, die man unter dem Namen *Fasnetsküchle* zusammenfaßt.
Noch immer sind sie Lieblingsspeisen der Kinder. Sie singen: »Luschtig isch die Fasenacht,/wenn mei Muder Küchle bacht./Wenn sie aber keine bacht,/isch auch keine Fasenacht.«
Und so groß ist die Bedeutung der Fasnachtsküchle, daß man den Donnerstag *schmutzige Dunschtig* nennt. Und dieser ist der Haupttag der alemannischen Fasnacht; Schmutz aber wird mit langgezogenem »u« gesprochen und bedeutet Schmalz. Also der Tag des Schmalzgebäcks.
Gutes Essen und Trinken spielte früher an Festtagen wahrscheinlich eine noch bedeutendere Rolle als heute. Vielleicht weil sonst häufig Schmalhans Küchenmeister war. Der alte Brauch, zu genießen, was immer das Land hergab, ist in Freiburg wieder aufgelebt. Zu Neujahr wird der Obrigkeit im Rathaus vom Landvolk alles dargebracht, was es in der Gegend Gutes gibt. Und dann hört man immer wieder den alten badischen Neujahrswunsch: *»Ich wünsch dir e guets neus Johr und e Bretschel so groß wie e Schünetor!«* Einen Prediger wie Abraham a Sancta Clara, aus dem badischen Kreenheinstetten bei Meßkirch stammend und Hofprediger zu Wien, gibt es heute nicht mehr. Er würde dann wohl ebenso wettern wie sein Vorgänger: »Auf einfache Gerichte, mit denen sich unsere Vorfahren begnügten, sieht man verächtlich herab. Jetzt muß jede Schüssel Zutaten enthalten, die vom anderen Ende der Welt stammen.«

Zwetschgenkuchen

400 g Mehl
25 g Hefe
1 Tasse lauwarme Milch
1 TL Zucker
1 Prise Salz
100 g Zucker
1 TL Backpulver
100 g weiche Butter
1 Ei
Zwiebackbrösel
2 kg späte Zwetschgen

Alle Teigzutaten auf gleiche Zimmertemperatur bringen. Eine Vertiefung ins Mehl drücken. Hefe mit lauwarmer Milch und 1 TL Zucker verrühren. Kurz stehenlassen, bis die Mischung zu schäumen beginnt. In die Mehlvertiefung füllen, etwas Mehl von den Seiten darüber stäuben. Salz, Zucker und Backpulver rings auf den Mehlkranz streuen und leicht einarbeiten. Mit dem Hefeansatz verrühren. Butter und Ei zugeben. Alles miteinander zu einem elastischen Teig kneten, bis er sich von der Schüssel löst. Zugedeckt aufgehen lassen. Inzwischen ein Backblech gut buttern, mit Mehl bestreuen, klopfen und überschüssiges Mehl abschütten. Aufgegangenen Teig zu einem platten Rechteck drücken und auf dem Blech auswellen. Ringsum einen Rand hochdrücken. Reichlich mit Zwiebackbröseln bestreuen, wenn keine ausgesprochenen Spätzwetschgen zur Verfügung stehen. Ansonsten genügen ganz wenig Zwiebackbrösel. Zwetschgen entsteinen, aufklappen, flach drücken und jede Hälfte noch einmal einschneiden. Die Früchte in Reihen und dicht auf den Teig stellen. Im vorgeheizten Ofen bei 200° C etwa 35 Minuten backen. Der Teigrand muß hellbraun sein.

In ganz Süd- und Südwestdeutschland liebt man diesen Kuchen.

Wenn es eine Region gibt, zu der Zwetschgenkuchen ganz besonders gehört, dann ist das die badische Ortenau um Bühl herum. Bühl ist Deutschlands Zwetschgenmetropole. Dort nennt man die Frucht die blaue Königin. Und beim alljährlichen Zwetschgenfest wird eine Zwetschgenkönigin gewählt. Wenn Süddeutsche auf Nordlichter verständnislos herabblicken, so hat das einen gewichtigen Grund: Die sprechen nämlich von Pflaumenkuchen. Und aus Pflaumen, das weiß in Baden jedes Kind, kann man nie einen guten Kuchen backen. Pflaumen sind eben nicht Zwetschgen, sie sind rund und ziehen beim Backen viel zu viel Saft, der den Kuchenboden unweigerlich aufweicht.

Der badische Zwetschgenkuchen mundet besonders gut, wenn man ihn ißt, solange er noch ein bißchen Ofenwärme hat. Er wird erst beim Auftragen oder auf dem Teller unmittelbar vor dem Verzehr mit Zucker bestreut. Nur wenn man die allerbesten Spätzwetschgen verwendet hat, kann man schon zuckern, wenn der Kuchen aus dem Ofen kommt. In Baden ist der Zwetschgenkuchen ein seit Generationen beliebtes Samstagsessen. Dazu ißt man Kartoffelsuppe (Rezept Seite 56).

Nun gibt es Leute, die streuen auch noch Zimt auf den Zwetschgenkuchen. Das kann man machen, der köstliche Obstgeschmack verliert dadurch aber an Reinheit. Neuerdings wird es auch modern, Schlagsahne dazu zu essen. Bei deren Bewertung kommt der Autor dieses Buches in die Bredouille (für Nichtbadener: in Bedrängnis). Er weiß um die Vorliebe, die man in Baden für Sahne hat, trotzdem meint er, daß der Zwetschgenkuchen diese aufmöbelnde Begleitung gar nicht nötig hat.

Puristen lehnen also Zimt und Sahne ab. Sie finden es auch eine Schande, daß man kleine, runde Zwetschgenkuchen bäckt – zu klein für einen gesunden Appetit!

Bühler Zwetschgentaschen

Für den Teig:
200 g Magerquark
1 Prise Salz, 100 g Zucker
6 EL Öl, 6 EL Milch
1 Päckchen Backpulver
300 g Mehl

Für die Füllung:
400 g Zwetschgen
etwas Zwetschgenwasser
1 Tasse saure Sahne, 1 Ei
1 Päckchen Vanillezucker
2 EL Zucker

Für die Glasur:
150 g Puderzucker, 1–2 EL heißes Wasser

Quark gut abtropfen lassen. Mit Salz, Zucker, Öl und Milch vermischen. Dann eßlöffelweise das mit Backpulver vermischte Mehl einarbeiten. Dünn auswellen und runde Stücke von 12 cm Durchmesser ausstechen oder schneiden.
Zur Füllung die Zwetschgen entsteinen, längs vierteln und die Schnitze dann noch quer halbieren. In einem Schälchen mit Zwetschgenwasser benetzen. Aus saurer Sahne, Ei und Vanillezucker eine Creme rühren. Damit die Hälfte der Teigplatten bestreichen. Zwetschgenwürfel darauf verteilen und mit wenig Zucker bestreuen. Die zweite Teighälfte über die Füllung schlagen. Ränder andrücken.
Auf gefettetem Blech im vorgeheizten Ofen bei 180° C etwa 15 Minuten goldbraun backen. Puderzucker mit heißem Wasser verrühren und die Zwetschgentaschen noch heiß damit bestreichen. Dieses Gebäck sollte man möglichst frisch genießen.

Unternehmungslustige Köche und Hausfrauen geben sich natürlich nicht damit zufrieden, aus köstlichen Früchten, die hinter dem Haus gedeihen, nur Kuchen zu backen. Und so kann es nicht verwundern, wenn man in Baden eine Vielzahl der verschiedensten Zwetschgenzubereitungen kennt. Zu jeder Saison kommen neue Rezepte heraus. Da gibt es etwa Zwetschgensalat, der mit Orangenlikör aromatisiert ist. Oder Speiseeis und Parfait aus Zwetschgen. Rudolf Katzenberger, einer der bekanntesten deutschen Köche und der Altmeister der badischen Kochkunst, hat das Zwetschgenpastetchen erfunden. Man kennt auch Zwetschgen im Backteig, und es gibt zahlreiche Aufläufe mit Zwetschgen.
Es bleibt noch nachzutragen, daß in einem alten Kochbuch von 1811 der Zwetschgenkuchen *Wähe* genannt wird, ein Ausdruck, der auch heute noch in Baden, vor allem aber in der Schweiz geläufig ist. Überraschend ist jedoch, daß man ihn mit Blätterteig gebacken hat. Heute verwendet man in Baden eher Mürb-, Hefe- oder Butterteig für Zwetschgenkuchen.

Mit der Bezeichnung Zwetschge wird übrigens an die Einwanderungsgeschichte dieser Frucht angeknüpft. Sie stammt aus Damaskus und kam über griechisches Schwarzmeergebiet, wo man sie *Damascena* nannte, zu uns. So überraschend es klingen mag, das Wort Zwetsch(g)e leitet sich her von Damaskus, Damaszenerpflaume.
Heute sind die Merkmale zwischen Pflaume und Zwetschge zum Teil verwischt. Dafür haben die etwa zweitausend Sorten, die es mittlerweile gibt, gesorgt. Die Pflaume ist vorwiegend rund, hat eine Fruchtnaht, und der Kern löst sich schwer. Die Zwetschge ist länglich, hat spitze Enden und einen leicht löslichen Kern. Die Bundesrepublik ist der Welt viertgrößter Produzent. Von 16 Millionen Bäumen werden bis zu 500 000 Tonnen Zwetschgen im Jahr geerntet.

Mannheimer Apfelkuchen

Für den Teig:
125 g Butter, 1 EL Zucker
250 g Mehl
1 kleine Prise Salz
1/8 l Weißwein
1 EL Butter zum Ausfetten

Für den Belag:
1 kg säuerliche Äpfel
100 g Mandelblättchen
1 EL Butter
1/4 l Crème fraîche
3 Eier
abgeriebene Schale einer Zitrone
1 gehäufter EL Zucker
1 Päckchen Vanillezucker

Butter und Zucker schaumig rühren. Mehl, Salz und Wein dazugeben und alles zu einem glatten Teig rühren. 1 Stunde in den Kühlschrank stellen, dann zu einer Platte auswellen. Eine große Springform (mindestens 26 cm Durchmesser) buttern und mit dem Teig auslegen. Einen Rand hochziehen.
Äpfel schälen, halbieren, Kernhäuser ausschneiden und die Wölbungen lamellenartig einschneiden. Mit der Schnittseite nach unten dicht nebeneinander in die Form setzen. Mandelblättchen in Butter anrösten und zwischen die Äpfel streuen. Apfelkuchen zunächst ohne Guß im auf 200° C vorgeheizten Ofen gut 1/2 Stunde backen. Zwischendurch die Äpfel mit etwas Läuterzucker (Zucker, in Wasser aufgelöst) beträufeln. Aus Crème fraîche, Eiern, Zitronenschale, Zucker und Vanillezucker einen Guß rühren. Diesen zwischen die Apfelhälften gießen und alles zusammen noch gut 10 Minuten backen. Wer will, kann in den Guß noch Rosinen mischen, die zudem je nach Geschmack in Kirschwasser geweicht wurden.

Mannheim heißt in der dortigen Mundart *Mannem,* und die Bewohner nennen sich *Mannemer.* Dort versteht kaum jemand alemannisch, dafür aber jeden Pfälzer Bauern, auch wenn er noch so breiten Dialekt spricht.
Von sich selbst behaupten die Mannemer, sie lebten in der einzigen Stadt, die eine eigene Sprache hat. Die Küche ist stark pfälzisch angehaucht – kein Wunder, denn man war ja lange kurpfälzische Metropole und ist es eigentlich auch geblieben, nachdem der Kurfürst seine Residenz nach München verlegt hatte. In der Mannheimer Küche mischen sich deftige Elemente der Pfalz mit dem Sinn fürs Verfeinerte, wie er am Oberrhein vorherrscht. Die Mannheimer Hobbyköche haben die wohl treffendste Definition der einheimischen Kochkunst mit ihrer Namenswahl gegeben. Sie nennen sich »Rustikale Feinschmecker-Chuchi«.
Das berühmteste kulinarische Erzeugnis Mannheims, der Apfelkuchen, spiegelt besonders echt den Geist dieser Stadt und vor allem den knorrigen Humor ihrer Bewohner wider. Wo sonst würde man eine Kuchenspezialität »Dreck« nennen? *Mannemer Dreck!* Wir kennen genau das Entstehungsdatum, und die Geschichte hat tatsächlich mit richtigem Dreck zu tun. Am 15. Mai des Jahres 1822 drohte der Stadtamtsvorstand jedem Bürger eine Strafe von zwei Reichtalern an, der seinen Kehricht, also Dreck, auf die Straße leerte. Die Mannheimer gerieten fast in Aufruhr, dann aber lachten sie. Ein Konditor veralberte die Obrigkeit und dekorierte seine Auslage mit »Mannemer Dreck«. Dieses Gebäck wurde inzwischen zum beliebten Mitbringsel. In alle Welt wird es verschickt. Die Mannheimer Sängerin Joy Fleming machte ein Lied darauf, in dem es heißt: »Mannemer Dreck – Wißt ihr, was des is?/ Mannemer Dreck is zuckersieß,/Ich weeß, daß ihr mich erst versteht,/ Wenn er eich uf der Zung' vergeht.«

Quittentorte

Für den Teig:
200 g Mehl
100 g Butter
80 g Zucker
1 kleine Prise Salz
1 Ei
1–3 EL Weißwein

Für den Belag:
10–12 Quitten
5 EL Zitronensaft
200 g Zucker
abgeriebene Schale einer Zitrone
eventuell einige Stücke Quittenpaste

Mehl, eiskalte Butter in dünnen Blättchen, Zucker, Salz und Ei mit den Knethaken der Küchenmaschine verarbeiten. Nur so viel Weißwein zugeben, wie nötig ist, damit ein geschmeidiger Teig entsteht. 1 Stunde in den Kühlschrank stellen. Quitten abreiben, schälen und Kernhäuser ausschneiden. Fruchtfleischstücke mit Zitronensaft vermengen und beiseite stellen. Schalen und Kernhäuser mit wenig Wasser etwa 25 Minuten kochen. Dann in einem Passiertuch oder einer Serviette allen Saft kräftig ausdrücken und in die Kochbrühe geben. Darin die Quittenstücke mit dem Saft und dem Zucker so lange kochen, bis sie weich, aber noch bißfest sind. Herausnehmen, gut abtropfen und erkalten lassen. Kochflüssigkeit mit Zitronenschale und Zucker nach Geschmack stark einkochen, so daß eine gelierende Flüssigkeit entsteht. Gebutterte Springform mit dem Teig auslegen, einen Rand hochdrücken. Teig zunächst ›blindbacken‹. Dazu Teigplatte mit Pergament bedecken, Erbsen einfüllen und im vorgeheizten Ofen bei 180° C 1/2 Stunde backen. Pergament und Erbsen entfernen. Springformrand lösen. Erkaltete Quittenstücke auf dem Boden verteilen. Wenn vorhanden, Quittenpaste in Stücken oder Streifen dazwischen arrangieren. Mit dem gelierenden Saft dünn übergießen, kalt stellen.

Noch einige Ergänzungen zum Rezept: Statt des Mürbeteigs kann man auch einen Hefeteig verwenden. In alten badischen Rezepten wird für den Tortenboden nicht selten Blätterteig angegeben.
Wer sich Arbeit ersparen will, kann auf das Einkochen der Flüssigkeit verzichten und dafür Tortengußpulver zusetzen, wobei er jedoch die auf der Packung angegebene Menge reduzieren sollte, da auch der Kochsaft der Quitten bereits gelierfähig ist.
Wer dieses Rezept zum Anlaß nimmt, auch einmal Quittenbrot zu machen, der wird diese Übung bestimmt oft wiederholen. Dieses köstliche Konfekt ist denkbar einfach herzustellen: Gleiche Teile passiertes Quittenfruchtfleisch und Zucker werden zusammen aufgekocht. Man kann mit abgeriebener Zitronen- oder Orangenschale aromatisieren. Die Masse wird ungefähr zwei Zentimeter dick auf ein Backblech ausgestrichen. Nach einigen Tagen ist sie trocken und kann in Rechtecke oder Rhomben geschnitten und dann in Hagelzucker gewälzt werden.
Die Quitte ist leider seit Jahrzehnten mehr und mehr aus den deutschen Küchen verschwunden. Sie wächst nur in klimatisch bevorzugten Gebieten unseres Landes. So kam es, daß sie dort lange Zeit gern verwendet wurde. Allerdings ist sie auch in Baden auf dem Rückzug.
Quitten reifen spät, die Ernte ist von September bis November. Die Früchte kann man nicht roh, sondern nur gegart genießen. Es gibt zwei Grundsorten, die apfelförmigen und die eher birnenförmigen. Die länglichen Quitten sind aromatischer. Quitten werden nur mit einem Tuch abgerieben und dann fast immer in der Schale oder geschnitten mit der Schale gekocht, da in der derben Haut die meisten Gelierstoffe sitzen.

Johannisbeertorte

1 Paket TK-Blätterteig
750 g Johannisbeeren
etwa 200 g Zucker
6 Eiweiß
1 kleine Prise Salz
125 g geriebene Mandeln

Eine kalt ausgespülte Torten- oder Springform von 26 cm Durchmesser mit Blätterteig auskleiden, der vorher angetaut und leicht ausgewellt wurde. Den Teig zunächst ›blindbacken‹. Dazu die Form mit Pergamentpapier auslegen, mit Erbsen bedecken und im 220° C heißen Ofen etwa 15 Minuten vorbacken. Danach Papier und Hülsenfrüchte entfernen. Teig im abgeschalteten Ofen warm halten.
Inzwischen Johannisbeeren waschen, abtropfen lassen und entstielen. Mit 4–5 EL Zucker bestreuen, leicht vermischen und 1 Stunde ruhen lassen.
Eiweiß mit Salz zu Schnee schlagen. Dabei restlichen Zucker nach und nach zugeben. Am Schluß vorsichtig die Mandeln unterheben.
Eine Eiweißschicht auf den Teigboden streichen, darauf die Beeren verteilen und diese mit einer zweiten Eiweißschicht bedecken. Mit einem Löffelstiel ein Wellenmuster eindrücken. 15–20 Minuten im heißen Ofen überbacken. Torte eventuell mit Pergamentpapier abdecken, damit die Eiweißschicht nicht zu dunkel wird.

Dieses Rezept stammt aus der bürgerlichen Küche. Auf dem Land hätte man früher bestimmt keine Torten mit Johannisbeeren gebacken, sondern Blechkuchen oder eine Art Brotkuchen.
Meist aß man die Johannisbeeren einfach mit Milch, um dadurch die Säure etwas abzuschwächen. Und immer schon schätzte man Johannisbeergelee. Bemerkenswert ist, daß für den *Rehrükken Baden-Baden* die Füllung der Birnenhälften mit Marmelade oder Gelee von Johannisbeeren erfolgen soll, nicht mit Preiselbeeren.
Werfen wir noch einen Blick zurück auf die Speisen der kleinen Leute in Baden in früheren Zeiten. Da spielt *Holdermus* (Holunder) eine beachtliche Rolle. Der Dichter Hansjakob berichtet von einem alten Pfarrer, bei dessen Tod die Hinterlassenschaft nur aus »einigen Fäßlein Wein, einigen Häfen voll Holdermus, einigen Schinken und einigen Säcken mit Birnenschnitz« bestand.
Der Dichter aus dem Kinzigtal berichtet auch, daß im 18. Jahrhundert das Frühstück der Holzhauer aus Schwarzbrot und Schnaps bestand. Und die Bäcker – sein Vater war selbst einer – entweder *Weißbecken* oder *Schwarzbekken* waren. Nur die Weißbecken durften auch Brezeln, Muscheln, Wecken und Weißbrot backen und verkaufen. Die Schwarzbecken waren arm dran, da Schwarzbrot in den meisten Häusern selbst gebacken wurde. *Wecken,* also Weißbrötchen, waren schon so etwas wie eine Delikatesse. Man leistete sich einen Wecken sonntags nach der Kirche und ließ sich von der Bäckersfrau vielleicht noch eine Suppe dazu kochen.
Um Brezeln wurde zu Neujahr gewürfelt, und sie waren begehrte Preise bei Schützenfesten. Gemeint sind natürlich die großen, mürben Brezeln, um die auch heute noch in vielen Gasthöfen Badens zu Neujahr gewürfelt wird. In den Schwarzwaldflüßchen konnte man noch Lachse stechen, mußte allerdings dem Landesherren die Hälfte davon abgeben. Und selbst im Schwarzwald hatten viele Bauern und Kleinstädter ihren eigenen Weinberg. Heute erinnern höchstens noch einige alte *Torkeln* (Gemeindekeltern) an den Weinbau im Schwarzwald.

Heidelbeergetränke

Es ist recht merkwürdig, daß man um die Heidelbeeren im Schwarzwald nie viel Aufheben machte. Den Eindruck hat man jedenfalls, weil in den meisten Quellen wenig darüber steht. Vielleicht kommt das auch daher, daß Heidelbeeren etwas Alltägliches waren und daher nicht sonderlich erwähnt wurden. Früher zogen die Bäuerinnen mit den Kindern hinaus und pflückten die blauschwarzen Früchte, um sich ein kleines Zubrot zu verdienen. Heute bekommt man auf badischen Wochenmärkten entweder Kulturheidelbeeren oder wilde, die aus dem Ostblock importiert wurden. Gewerbsmäßig Beeren zu sammeln, wer hat das heute noch nötig?
Natürlich müssen wir alle froh darüber sein, daß selbst aus den hintersten Schwarzwaldtälern die Not vertrieben wurde. Wer wissen will, wie's einmal war in der gar nicht so guten alten Zeit, der verschaffe sich ein Buch von Heinrich Hansjakob aus Haslach im Kinzigtal. Er war Schulmeister, Pfarrherr und Dichter und immer ein echter Schwarzwälder. Seine Bücher erzählen persönliche Erlebnisse oder Geschichten aus jener Epoche.

Heidelbeerdrink
Pro Portion:
1 Tasse Heidelbeeren
1 EL feiner Zucker, 1 Ei
3–4 EL Heidelbeergeist oder Kirschwasser
einige kleine Eiswürfel

Heidelbeeren verlesen und kalt waschen. Tropfnaß in den Mixbecher der Küchenmaschine füllen und mit 1 EL Zucker (nach Geschmack auch mehr) pürieren. Ei und Obstbranntwein zugeben und nochmals ausgiebig pürieren. Abschmecken. In ein kleines Weinglas (Südweinglas) Eis geben und den Drink darüber gießen. Etwas warten, bis er richtig kalt ist. Nochmals kurz umrühren – und dann Prost!

Heidelbeerdrink für Kinder
Pro Portion:
1 Tasse Heidelbeeren
2 EL Zucker
1/4 l Vollmilch
1 TL Zitronensaft

Heidelbeeren verlesen, waschen und zusammen mit dem Zucker im Mixbecher 15 Minuten ziehen lassen. Milch zugießen und alles zusammen pürieren. An Stelle der Milch kann man auch Buttermilch verwenden. Dann erübrigt sich die Zugabe von Zitronensaft. Natürlich kann man im Sommer diesen Drink – der nicht nur für Kinder eine herrliche Erfrischung ist – auch über Eiswürfeln anrichten.

Schwarzwälder Kaffee

Schwarzwälder Kaffee
Pro Portion:
2 Zuckerwürfel
4 cl Schwarzwälder Kirschwasser
starker heißer Kaffee
2 gehäufte EL Schlagsahne
(mit Vanillezucker gesüßt)
Schokoladenraspeln

In einer hohen Tasse oder in einem Grogglas die Zuckerwürfel mit Kirschwasser übergießen und anzünden (mit langem Streichholz oder Span). Nach einer kurzen Weile den Kaffee darüber gießen. Umrühren. Schlagsahnehaube aufsetzen. Mit Schokoladenraspeln bestreuen. – Ein besonderer Genuß liegt darin, den heißen, aromatisierten Kaffee durch die kalte Schlagsahne zu schlürfen.

Schwarzwälder Eiskaffee
Pro Portion:
2 Zuckerwürfel
4 cl Schwarzwälder Kirschwasser
starker kalter Kaffee, 2 Kugeln Vanilleeis
2 gehäufte EL Schlagsahne
Schokoladenraspeln
1 große Sauerkirsche

Zuckerwürfel mit Kirschwasser übergießen, anzünden, ablöschen mit kaltem Kaffee. Vanilleeis in ein hohes Eisglas geben, mit dem Kaffee übergießen. Schlagsahne darauf setzen, Schokoladenraspeln aufstreuen und mit der Sauerkirsche verzieren. Mit langstieligem Löffel und mit Trinkhalm servieren. Dieser Kaffee schmeckt an heißen Tagen besonders gut.

Schwarzwälder Kirschwasser ist überall bekannt – und wo man es auch kauft, stets muß es im badischen Schwarzwald gebrannt sein. Das ist gesetzlich vorgeschrieben. Anders ist es leider mit dem Schwarzwälder Schinken, der kann überall hergestellt sein, muß dann allerdings den Zusatz »Schwarzwälder Art« tragen. Wer aber schaut schon so genau hin? Das Schwarzwälder Zwetschgenwasser ist ebenso wie das Kirschwasser geschützt und an die badische Herstellung gebunden. Was nicht besagt, daß alle badischen Obstbrände von hervorragender Qualität sind. Landesüblich ist das Brennen und oft auch Vermarkten in kleinen Familienbetrieben. Da gibt es eben solche und solche. Darunter auch wahre Brennkünstler. Das sagen in doppelsinniger Weise zuweilen auch die Zollbeamten, die die Mengen überwachen und besteuern müssen. Doch Spaß beiseite, viele Badener, die in den Städten leben, sind stolz darauf, wenn sie nach langem Herumprobieren einen besonders guten Hausbrand gefunden haben. In unscheinbaren Flaschen beziehen sie dann die Wässerle von »ihrem« Bauern.

Register

Vorspeisen

Suppen

Salate und kalte Gerichte

Fischgerichte

Fleischgerichte

Geflügelgerichte

Wildgerichte

Gerichte mit Innereien

Gemüse- und Kartoffelgerichte

Eintöpfe und Aufläufe

Reisgerichte

Eiergerichte

Süßspeisen

Süße Backwaren

Pikante Backwaren

Beilagen

Getränke

Und zum Schluß noch ein Hinweis auf die Rezepte: Die Zutaten sind, wenn nicht anders vermerkt, für vier Personen berechnet.

Bildnachweis

Huber 8/9, 12
G. und W. Klammet 18/19, 21, 24/25
Landesbildstelle Baden 10, 11 o.r., 11 u.r., 27 o.l., 27 u., 29, 30 o., 31 u.
H. Müller-Brunke 17, 30 u.
C. L. Schmitt 7
W. und H. Storto 2, 11 o.l., 11 u.l., 26, 27 o.r., 31 o.
Ch. Teubner 33–195
E. Van Hoorick 14/15, 23